sou PRODUTOR DE EVENTOS

DIÁRIO DE BORDO PARA O
APERFEIÇOAMENTO PROFISSIONAL

**ADMINISTRAÇÃO REGIONAL DO SENAC
NO ESTADO DE SÃO PAULO**

Presidente do Conselho Regional
Abram Szajman

Diretor do Departamento Regional
Luiz Francisco de A. Salgado

Superintendente Universitário e de Desenvolvimento
Luiz Carlos Dourado

EDITORA SENAC SÃO PAULO

Conselho Editorial
Luiz Francisco de A. Salgado
Luiz Carlos Dourado
Darcio Sayad Maia
Lucila Mara Sbrana Sciotti
Luís Américo Tousi Botelho

Gerente/Publisher
Luís Américo Tousi Botelho

Coordenação Editorial
Verônica Pirani de Oliveira

Prospecção
Dolores Crisci Manzano

Administrativo
Aldair Novais Pereira

Comercial
Marina P. Alves

Edição de Texto
Vanessa Rodrigues

Coordenação de Revisão de Texto
Marcelo Nardeli

Revisão de Texto
Ivone P. B. Groenitz, Globaltec Editora Ltda.

Projeto Gráfico e Editoração Eletrônica
Antonio Carlos De Angelis

Ilustrações
Bruna Zanardo

Coordenação de e-books
Rodolfo Santana

Impressão e Acabamento
Gráfica Coan

Proibida a reprodução sem autorização expressa.
Todos os direitos desta edição reservados à

Editora Senac São Paulo
Av. Engenheiro Eusébio Stevaux, 823 - Prédio Editora
Jurubatuba - CEP 04696-000 - São Paulo - SP
Tel. (11) 2187-4450
editora@sp.senac.br
https://www.editorasenacsp.com.br

© Editora Senac São Paulo, 2013

Dados Internacionais de Catalogação na Publicação (CIP)
(Jeane Passos de Souza - CRB 8ª/6189)

Reis, Joel
    Sou produtor de eventos: diário de bordo para o aperfeiçoamento profissional / Joel Reis – São Paulo : Editora Senac São Paulo, 2018.

    Glossário.
    ISBN 978-85-396-2237-5 (impresso/2018)
    e-ISBN 978-85-396-1741-8 (ePub/2018)
    e-ISBN 978-85-396-0819-5 (PDF/2017)

    1. Produção de eventos 2. Organização de eventos
3. Produtor de eventos : Técnicas de trabalho I. Título.

18-734s	CDD-658.456
	BISAC BUS007010

Índice para catálogo sistemático:
1. Produção de eventos   658.456

Joel Reis

sou PRODUTOR DE EVENTOS
DIÁRIO DE BORDO PARA O APERFEIÇOAMENTO PROFISSIONAL

Editora Senac São Paulo – São Paulo – 2018

Sumário

NOTA DO EDITOR, 7

CAPÍTULO 1 — HÁ UM EVENTO ESPERANDO POR VOCÊ, 9

    Tipos de eventos, 16
    Estabelecendo o contato, 20
        O currículo, 22
        Antes da entrevista, 24
        Durante a entrevista, 28
        Depois da entrevista, 28
    Formas de contratação, 29
    Administre bem o seu dinheiro, 32

CAPÍTULO 2 — O FUNCIONAMENTO DO EVENTO, 37

    Planejamento, 39
    Organização, 40
    Realização, 42
    Pós-evento, 43
    Check-list, 44
        Coordenação do evento, 45
        Convite, 45
        Cenografia, 47
        Paisagismo, 47
        Iluminação, 48
        Sonorização, 48
        A&B, 49
        Recepção/receptivo, 49
        Staff, 50
        Comunicação, 51
        Programação, 51
    Tempos e momentos/Tempos e movimentos, 52

CAPÍTULO 3 — CHEGOU A HORA: A MONTAGEM DE UM EVENTO, 57

    Um dia antes, 64
        Entradas e saídas, 66
        Horários do espaço de eventos, 68
        Iluminação, 69
    Chegou o dia, 71
        Se você foi destacado para cuidar da cenografia..., 73
        Se você foi destacado para cuidar do receptivo..., 75
        Se você foi destacado para cuidar de A&B..., 76
    45 minutos antes de o evento começar, 78

81
CAPÍTULO 4 – DIÁRIO DE BORDO DE TRÊS EVENTOS DIFERENTES

Evento 1, 83
- Na véspera, 92
- No dia, 93
- Tempos e movimentos, 96

Evento 2, 102
- Na véspera, 103
- No dia, 105
- Tempos e movimentos, 106

Evento 3, 116
- Na véspera, 120
- No dia, 122
- Tempos e movimentos, 123

131
CAPÍTULO 5 – UM BREVE PASSEIO PELO MUNDO DA ETIQUETA

Tipos de traje, 135
- Traje esporte, 136
- Traje passeio, 138
- Traje passeio completo, 140
- Traje a rigor, 142

Serviços de mesa, 144
- Serviço à francesa, 144
- Serviço à inglesa, 147
- Serviço empratado, 147
- Serviço à americana, 148
- Serviço volante, 148

Tipos de cardápio, 149
- *Brunch*, 149
- Almoço, 150
- Coquetel, 150
- Jantar, 150
- "Bolo e champagne", 150

Organização do espaço, 151
- Auditório, 151
- Estilo escolar, 151
- Espinha de peixe, 151
- Em "U", 152

E cerimonial, o que é?, 152

GLOSSÁRIO, 155

UM POUCO DE MINHA TRAJETÓRIA… E DE AGRADECIMENTOS TAMBÉM, 161

Nota do editor

Considerando as quatro etapas de um evento — (1) planejamento, (2) organização, (3) realização e (4) pós-evento —, podemos dizer que é na terceira, a de realização, que se concentra a atuação do produtor de eventos. Mas o papel do produtor é tão importante que, se não apresentar um bom desempenho, de nada adiantará ter havido um planejamento e uma organização perfeitos. E a quarta etapa também ficará irremediavelmente prejudicada.

As empresas sabem disso e, nos últimos anos, constataram que o produtor não é apenas a pessoa que faz acontecer; é a pessoa que precisa fazer acontecer com *qualidade* — esse é o diferencial do profissional preparado, proativo, pronto para responder a um imprevisto com eficiência, impecável no relacionamento interpessoal.

A escolha do nome de Joel Reis como autor deste livro reflete o atual momento de transformação do país, em que se busca elevar o nível dos serviços prestados em diversas áreas profissionais, entre elas a de eventos. Joel, que começou como produtor e hoje atende a grandes marcas e personalidades, escreveu este texto com o entusiasmo de saber que, ao compartilhar seu conhecimento, está contribuindo para aprimorar um mercado promissor, que proporciona amplas oportunidades de crescimento aos que procuram se destacar.

Esperamos ampliar ainda mais essas oportunidades com **Sou produtor de eventos**, mais um lançamento do Senac São Paulo.

1
Há um evento esperando por você

O mercado de eventos está mais do que aquecido no Brasil. E não estou falando apenas da Copa do Mundo e dos Jogos Olímpicos no Rio de Janeiro.

Claro, esses dois acontecimentos, por si só, geram "minieventos" e "eventos paralelos" relacionados a eles, com a contratação de muita gente; mas o crescimento do mercado de eventos vai além da Copa e das Olimpíadas: tem a ver com o crescimento do país e, nesse cenário, com a necessidade que as pessoas e as empresas têm de se comunicar. Sim, porque um evento é um acontecimento cuidadosamente planejado para comunicar algo. Pode ocorrer só para celebrar, mas muitas vezes sua função é comunicar. Essa comunicação pode ser a troca de ideias entre os participantes (por exemplo, um congresso médico), a apresentação dos resultados de uma empresa (um exemplo seria um evento corporativo de fim de ano), uma festa de lançamento de um produto com a participação de alguma celebridade.

EVENTOS DE **ENDOMARKETING** SÃO AQUELES REALIZADOS DENTRO DE UMA EMPRESA PARA SEUS PRÓPRIOS FUNCIONÁRIOS. O OBJETIVO É "VENDER" ALGUMA IDEIA PARA O PÚBLICO INTERNO. AS AÇÕES DE ENDOMARKETING COSTUMAM ESTAR FOCADAS NO BEM-ESTAR DOS FUNCIONÁRIOS, DE MODO A AUMENTAR A PRODUTIVIDADE E O DESEMPENHO DA EMPRESA.

Em cada uma dessas ocasiões, a história sempre começa da mesma forma: o cliente procura uma empresa organizadora de eventos para ajudá-lo nessa grande tarefa. No caso do congresso médico citado anteriormente, esse cliente pode ser uma entidade de médicos (por exemplo, a Sociedade Brasileira de Dermatologia). No evento da confraternização de fim de ano, o cliente seria a empresa, provavelmente representada pelos departamentos de Comunicação, de RH ou de Marketing — ou por estes dois últimos juntos, para um evento de endomarketing, por exemplo. No caso do lançamento do produto, o cliente seria o fabricante ou a empresa que cuida da área de Comunicação desse fabricante.

Desde já, é importante que fique clara uma diferença fundamental: não confunda *eventos* com *publicidade e propaganda*. Embora ambos estejam ligados à comunicação e à criatividade, um evento é algo que remete a uma atuação mais operacional, de concretizar, de "fazer acontecer".

Ao procurar a empresa organizadora de eventos, o cliente chega com uma ideia do que pretende/necessita. Essa ideia está documentada no chamado *briefing*. Este é um termo em inglês que significa informações resumidas/informações essenciais. Como o próprio nome já diz, a função desse documento, o *briefing*, é fazer com que o cliente coloque a organizadora a par do evento de que ele precisa. Com base nas informações, a organizadora começa o seu trabalho.

Basicamente, um *briefing* contém as seguintes informações:

Dados gerais	
Nome do evento (o nome que será divulgado ao público)	
Atividades previstas	
Histórico (números e características de edições anteriores do evento, se houver)	
Diferenciais do evento a ser produzido em relação aos anteriores	
Datas sugeridas e quantidade de dias	
Local imaginado para a realização	
Objetivo do evento	
Público Quem vai participar do evento e quem seria atingido pela mensagem do evento (dependendo da situação, são coisas diferentes)	
Estratégias para divulgação do evento	

SE VOCÊ TEM ALGUM CONHECIMENTO DE INGLÊS, PROVAVELMENTE JÁ SABE: A MANEIRA CORRETA DE PRONUNCIAR ESSA PALAVRA É "BRÍFIN". É UM TERMO TÃO COMUM NA ÁREA QUE ATÉ GANHOU VARIAÇÕES. POR EXEMPLO, DIZEMOS "O CLIENTE VAI *BRIFAR* A EMPRESA ORGANIZADORA SOBRE O EVENTO" (= "O CLIENTE VAI PASSAR AS INFORMAÇÕES DO EVENTO À EMPRESA ORGANIZADORA"); "A EMPRESA ORGANIZADORA FOI *BRIFADA* PELO CLIENTE" (= "A EMPRESA ORGANIZADORA RECEBEU, DO CLIENTE, AS INFORMAÇÕES DO EVENTO").

Embora o processo sempre se inicie dessa maneira, com o cliente *brifando* a organizadora, a partir deste ponto cada evento passa a ter sua história. Cada um é único. Até em eventos que parecem ser sempre "iguais", como aquela feira que acontece todo ano no mesmo centro de exposições da mesma cidade, cada edição tem os seus desafios de realização. Por exemplo, o cliente pode querer que, neste ano, o foco do evento seja diferente do que foi no ano anterior.

A realização de cada evento significa a geração de trabalho para toda uma equipe — não só as pessoas que fazem parte do quadro fixo da empresa organizadora, como também produtores de eventos terceirizados, profissionais de iluminação, de som, de tecnologia, médicos, bombeiros, seguranças, fornecedores de alimentos e bebidas, empresas que produzem convites, empresas de entregas, empresas fabricantes de brindes, entre outros. O mercado de eventos ajuda a movimentar muitos setores da economia, não só por divulgar produtos e ideias mas também por empregar muita gente.

> VOCÊ, LEITOR, PROVAVELMENTE É ESTE PRODUTOR!

Ainda que cada evento seja único, há algumas coisas comuns a todos eles. Uma delas é a necessidade de haver, na produção, um profissional que faça seu trabalho de forma precisa, eficiente e ética, contribuindo para o sucesso daquele acontecimento.

É desse produtor que o mercado está precisando. Se você está lendo este livro, é porque tem interesse em atuar neste mercado ou, pelo menos, conhecer melhor essa atividade.

Vamos, então, a um exercício de autoavaliação. Confira se você tem o perfil de um profissional da área de eventos.

ESSE PROFISSIONAL...

- **... é proativo.** Ou seja, tem iniciativa para driblar alguma "situação saia-justa" e propor a solução para algum imprevisto que possa acontecer antes e durante o evento. Você é proativo?

- **... não é tímido.** Nesta atividade, a pessoa está em contato constante com outras pessoas — sejam os colegas da realização do evento, seja o próprio público participante. Você ficaria tímido em situações como essa?

- **... é educado.** Lidando com pessoas o tempo todo, é preciso saber as boas regras de convivência e de respeito ao próximo. Saber escutar, saber expor sua opinião sem "atropelar" a da outra pessoa, usar sempre as tais palavrinhas mágicas: "por favor", "com licença" e "obrigado". Você costuma agir assim?

- **... é atencioso.** Este item é um desdobramento do item relativo à educação, porque aqui estamos falando, principalmente, da atenção que significa não se distrair durante uma conversa de trabalho com um

colega, um cliente, etc. Em uma situação dessas, mantenha seu celular no modo silencioso e não fique checando se chegou algum novo *e-mail*. Naquele momento, o seu foco deve estar na pessoa com quem você está lidando. Você é atencioso?

* **... conhece suas limitações e procura reduzi-las.** Isto quer dizer não ter medo de falar "não sei" e, quando não souber, ir atrás da resposta, pesquisando ou perguntando para quem sabe. Você age dessa maneira?
* **... é curioso.** Essa curiosidade é útil para pesquisar em casos como o acima, em que você não sabe de algo; mas é importante também para você se manter informado de uma maneira geral. Uma pessoa curiosa, bem informada, é mais interessante e capaz de trazer contribuições valiosas para a realização de um evento.

Se você tem essas características e quer atuar neste mercado, já tem meio caminho andado. Mas, antes de sair a campo, também é necessário conhecer os tipos de eventos.

Tipos de eventos

Os tipos de eventos são muitos, divididos em diversas "categorias". Temos os chamados *demonstrativos* ou *expositivos* — exemplos são os desfiles, os shows, as noites de autógrafos, os lançamentos de produtos; temos eventos chamados *competitivos*, porque envolvem competição, como um jogo de futebol, por exemplo; temos eventos *técnicos* e *científicos*, nos quais o objetivo é o aperfeiçoamento profissional dos participantes.

Seja qual for o tipo ou o formato do evento, a presença de um produtor é fundamental para que ele seja realizado com sucesso. Como profissional, você deve estar preparado para todos. Mas é claro que existem aqueles com os quais nos identificamos mais. Vamos fazer um breve passeio pelos tipos e pelos formatos de eventos mais comuns. Ao conhecê-los melhor, você poderá também direcionar a sua atividade profissional.

* **Festival.** É uma festa com apresentações de diversos estilos sobre um determinado tema. Temos festival para tudo: festival do morango, festival de uma cidade, festival da criança, etc. Mas esse nome também é muito associado àqueles megaeventos que reúnem diversos shows musicais.
* **Convenção.** É um acontecimento corporativo, ou seja, realizado por uma empresa para seu público interno (seus funcionários). O objetivo é o treinamento e a troca de experiências e de informações entre os participantes.
* **Mostra.** Parecida com uma exposição de arte, mas com o objetivo de divulgar e não comercializar, como acontece na exposição.
* **Entrevista coletiva.** Como o nome diz, neste evento jornalistas de diversos veículos (TV, rádio, internet, jornais,

revistas) entrevistam uma personalidade. Esse tipo de entrevista costuma ser realizado com políticos. Outra situação comum é a entrevista para o lançamento de produtos ou para a estreia de um filme ou programa de TV.

* **Feira.** É a exposição pública de produtos artísticos ou industriais em painéis ou estandes. Costuma acontecer sempre no mesmo período do ano, em grandes centros de exposições.
* **Leilão.** É a exposição de produtos para venda a um público específico. Os participantes dão seus lances para cada produto exposto. No comando de tudo isso está o leiloeiro.
* **Pedra fundamental.** Aqui, o objetivo é celebrar o início de uma obra — um hospital, uma escola, etc.
* **Roadshow.** Como diz o nome em inglês (a pronúncia é "roud show"), é uma apresentação montada sobre um ônibus ou uma carreta, com o objetivo de divulgar uma empresa, uma organização, ou um produto.

A seguir, nosso passeio se concentrará na categoria dos eventos técnicos e científicos, que, como você viu, são aqueles em que os participantes têm a oportunidade de se atualizar profissionalmente. Vale a pena saber mais sobre eles, porque esse é um mercado movimentado, no qual você poderá ter muitas oportunidades de trabalho.

* **Palestra.** Você já deve ter ido a uma. A palestra é a apresentação de um tema a um grupo. A plateia participa, fazendo perguntas.
* **Conferência.** É parecida com a palestra, mas a apresentação é feita por um grupo a respeito de um determinado assunto, e a plateia é maior. Nas conferências, existe a figura

do presidente de mesa, que dá a palavra ao conferencista. A plateia também participa.
- **Workshop.** A pronúncia desse termo em inglês é "uôrk shóp". É um tipo de palestra dividida em duas partes: uma teórica e outra prática.
- **Teleconferência ou videoconferência.** É a apresentação sobre um tema para pessoas que estão em locais diferentes. Hoje em dia é também uma importante ferramenta de comunicação nas empresas, já que as reuniões podem ser feitas assim. As conversas via computador, possibilitadas pelo programa Skype, são uma forma de videoconferência.
- **Mesa-redonda.** É uma pequena reunião em que os participantes debatem algum assunto. Tem a participação da plateia e existe a figura de um moderador. O moderador é a pessoa que "equilibra" os debates, fazendo a mediação dos participantes. Existem alguns programas de TV que utilizam esse formato.
- **Painel.** É um quadro de apresentações no qual um orador e os painelistas apresentam suas visões sobre um tema predeterminado. Tem duas partes: na primeira, os painelistas expõem o tema de forma individual; na segunda são seguidas as mesmas regras da mesa-redonda e os painelistas debatem entre si, respondendo às perguntas da plateia. Existe a figura do moderador.
- **Fórum.** As características principais são a troca de informações e o debate de ideias com participação de uma grande plateia. Também tem um moderador.
- **Seminário.** É a apresentação de um tema, geralmente recém-pesquisado, para uma plateia que já tenha algum conhecimento sobre o assunto. Costuma durar o dia todo.

Quando passa disso, recebe o nome de Jornada. Na verdade, o nome seminário é muito utilizado para denominar um evento que agrupa diferentes formatos: palestras, mesas-redondas, *workshops*, todos tratando sobre um tema.

* **Congresso.** É uma reunião periódica com profissionais, geralmente de uma mesma área, promovida por entidades e associações (por exemplo, um Congresso de Odontologia). Assim como o seminário, costuma contar com atividades de diferentes formatos: conferências, palestras, mostras, painéis, etc.
* **Encontro.** É semelhante ao congresso porque reúne integrantes de uma mesma categoria profissional. A diferença é que os encontros envolvem um público menor e costumam ter o objetivo de promover o debate sobre temas polêmicos e/ou de interesse da categoria.
* **Semana.** Como diz o nome, é um evento que dura esse período. Em faculdades e universidades, as Semanas costumam apresentar palestras. Nas empresas, são dedicadas a um tema específico, geralmente para sensibilizar e informar os funcionários sobre um assunto — por exemplo, Semana de Prevenção de Acidentes de Trabalho, Semana de Prevenção e Combate à Aids.

Os tipos são diversos, como você pode ver. E as oportunidades de trabalho podem levar você a extremos: desde eventos de alto luxo até eventos para o povo.

Vale a pena pensar um pouco. Os eventos de alto luxo costumam estar associados a produtos caríssimos, que não têm muitas unidades vendidas. Um exemplo seria um daqueles carros importados.

Agora pense na outra ponta, em um evento de lançamento de um produto barato, como um batom. Se a comunicação do produto batom for bem-feita — e o evento é uma das ferramentas de comunicação —, no final das contas a quantidade de batons vendidos vai gerar um lucro que poderá ser até maior que o dos poucos carros de luxo vendidos.

Esses são dois exemplos bem distantes um do outro; duas pontas, dois extremos. No meio deles, há diversos eventos nem tão luxuosos nem tão populares.

Seja para qual público for, a seriedade dos profissionais envolvidos não pode variar. A qualidade precisa ser sempre excelente. Não importa se o público tem mais ou menos dinheiro. Se a pessoa não se sentir especial e não for bem tratada em um evento, quem sairá perdendo será a marca do produto, ou a entidade que promoveu o evento. A imagem do produto ou da entidade ficará arranhada. Você consegue ter uma ideia da imensa responsabilidade do trabalho do produtor?

Pense nisso. Agora que você já conhece melhor o perfil de um produtor de eventos, os tipos de eventos e a importância de sua atuação profissional, é hora de procurar as empresas organizadoras.

Estabelecendo o contato

No mercado de eventos, é muito comum que alguém que já trabalhe na área acabe colocando você em contato com as empresas organizadoras, "fazendo a ponte" para uma entrevista.

Mas, se você não conhece ninguém, isso não é problema. A internet é uma ajuda e tanto. Vá a um *site de busca* e digite palavras-chave como *organização + eventos*, ou apenas *eventos*.

O MAIS CONHECIDO DELES É O GOOGLE (WWW.GOOGLE.COM.BR). AS REDES SOCIAIS TAMBÉM SÃO UM CAMINHO. POR EXEMPLO, NO FACEBOOK EXISTE UMA COMUNIDADE ESPECIALIZADA NO MERCADO DE EVENTOS, COM NOMES DE EMPRESAS E NOTÍCIAS DA ÁREA. O LINK É HTTPS://WWW.FACEBOOK.COM/GROUPS/EVENTOSPRO/. PARA TER ACESSO A ESSA COMUNIDADE É PRECISO SE CADASTRAR.

Aparecerão várias empresas; entrando no *site* delas você consegue conhecer o perfil de cada uma e descobrir em qual tipo de evento ela é especializada.

Basicamente, hoje as agências organizadoras de eventos estão "classificadas" em dois grandes perfis: as chamadas orgânicas e as agências *corporate* (esse termo, em inglês, quer dizer corporativo, ou seja, relativo a empresas).

A PRONÚNCIA É "CORPOREITE".

As orgânicas são as empresas que buscam diferenciar sua atuação com base em valores como sustentabilidade, utilizando materiais reciclados em seus eventos e atendendo clientes com esse mesmo perfil.

As empresas de eventos *corporate* são as de atuação mais "tradicional".

De maneira geral, atuam no mercado grandes grupos empresariais formados por empresas menores. Mesmo assim, cada uma acaba tendo um perfil diferente; assim, cada uma tem *site* próprio, identidade própria e seus próprios clientes. Tudo isso está no *site*: a missão da empresa, os seus valores e os clientes que atende. Com base nessas informações, você pode escolher aquela com a qual mais se identifica, arregaçar as mangas e estabelecer o contato.

Isso pode ser feito pelo "Fale conosco" ou pelo "Trabalhe conosco" do *site* da empresa. Há também a opção de telefonar. Provavelmente no próprio *site* você consegue o número do telefone.

Seja enviando mensagem por *e-mail* ou telefonando, procure marcar uma entrevista pessoal ou, pelo menos, combinar o envio de seu currículo.

Por *e-mail*, não é preciso escrever muito. Veja este exemplo (o endereço da empresa é fictício):

O CURRÍCULO

Limpo e objetivo: assim deve ser o seu *curriculum vitae* — ou, simplesmente, currículo. Não é preciso mais de uma página para mandar o seu recado. Confira um modelo (os dados pessoais e os nomes das empresas são fictícios):

GRANDES EXECUTIVOS DE GRANDES MULTINACIONAIS TÊM UM CURRÍCULO DE UMA PÁGINA APENAS, ACREDITE. "MENOS É MAIS."

PEDRO SILVA

Brasileiro, solteiro, 20 anos
Endereço: Av. São João, nº 1000 – República
CEP 01036-100 – São Paulo – SP
Telefones: (11) 1111-1111 – (11) 89999-9999
e-mail: psilva@xxx.com.br

Objetivo
Produção de eventos

Formação
Escola Estadual Professor Antonio Santos
Ensino Médio – conclusão em 2011

Experiência profissional
Ativa Brasil Ltda.
Período: 14/5/2012 – atual
Cargo: Agente administrativo
  – Produção de materiais de divulgação (Departamento de RH)
  – Produção de eventos da empresa

MKTT Ltda.
Período: 20/4/2011 – 3/5/2012
Cargo: Operador de telemarketing
  – Atendimento ativo/receptivo de clientes

Idioma
Inglês: básico

Cursos
Escola de Inglês Up
Curso de Inglês

Happy Informática
Windows, Word, Excel, Internet

Trabalho voluntário
Leitura de livros para crianças na EEI Professora Maria José, São Paulo

ANTES DA ENTREVISTA

* Procure não marcar outro compromisso no dia da entrevista, próximo ao horário combinado. As atividades nas empresas organizadoras são muito dinâmicas e imprevistos acontecem, podendo fazer com que a entrevista atrase um pouco. Se você tiver marcado outro compromisso, isso acabará se tornando um fator de estresse desnecessário. Evite.
* Telefone um dia antes para confirmar a entrevista.
* Para os homens, o traje indicado é calça preta ou jeans, camisa, cinto preto, sapato preto, meia preta (branca jamais). Se for arregaçar as mangas da camisa, duas dobras são suficientes, sem amassar.

NADA DE LEVANTAR AS MANGAS ATÉ OS BÍCEPS, NO ESTILO "FORTÃO DA ACADEMIA".

- Para as mulheres, calça social ou saia abaixo do joelho, camisa feminina de manga três quartos, um casaco discreto em caso de frio, meia-calça cor da pele, e *escarpin* (o sapato tradicional de salto). Cabelos, se forem longos, devem estar presos. Acessórios básicos: brincos e anéis pequenos e nos braços apenas o relógio, evitando pulseiras, principalmente as barulhentas. Maquiagem e perfume devem ser muito suaves.
- Se você ainda não fez isto, faça: entre no *site* da empresa e conheça melhor o perfil dela e os clientes que ela atende.

TENHA EM MENTE QUE O FOCO É A SUA ATUAÇÃO PROFISSIONAL. TUDO O MAIS EM EXAGERO ACABA CHAMANDO MAIS A ATENÇÃO DO QUE VOCÊ, O QUE NÃO É RECOMENDÁVEL.

DURANTE A ENTREVISTA

- Desligue o celular.
- Procure falar pausadamente, sem atropelos, respondendo às perguntas que fizerem. Se você for questionado sobre algo que não sabe fazer, seja honesto. O mais importante é deixar claro que você tem interesse e disponibilidade para aprender o que for preciso e desenvolver novas habilidades.
- É válido e legítimo você também fazer perguntas, sempre de maneira educada. Você pode querer saber mais a respeito do perfil dos trabalhos que a empresa desenvolve ou sobre o *job* para o qual você foi contatado. Também pode perguntar sobre a forma de contratação.

DEPOIS DA ENTREVISTA

- Há três caminhos: a empresa poderá chamá-lo imediatamente para o trabalho, poderá pedir que você retorne para outra etapa do processo de seleção, ou poderá apenas informar para aguardar e que você será contatado quando houver oportunidade.
- Se a empresa não voltar a fazer contato, não cobre. Talvez o seu perfil não seja o mais adequado para aquele trabalho, mas poderá ser para outro. E você sempre tem a opção de fazer o maior número de contatos possível, marcando entrevistas com várias outras empresas.

ESSE É OUTRO TERMO EM INGLÊS MUITO COMUM NA ÁREA. SER CONTRATADO PARA UM *JOB* (PRONUNCIA-SE "DIÓB") SIGNIFICA SER CONTRATADO PARA UM TRABALHO ESPECÍFICO, UM PROJETO, UM EVENTO.

Formas de contratação

As relações de trabalho na área de eventos são, muitas vezes, informais, principalmente para quem está começando. Mas lembre-se: o mercado precisa de bons profissionais; por isso, atuar com dedicação em vários *jobs* para um mesmo contratante aumenta sua chance de fazer parte do quadro fixo dessa empresa.

No quadro fixo existem os profissionais que atuam como PJs, ou "pessoas jurídicas". É comum serem concedidos os benefícios de praxe — vale-refeição (VR) e vale-transporte (VT) — e há o pagamento das horas extras trabalhadas. Mas não há registro na carteira profissional, e a pessoa precisa emitir nota fiscal para receber o pagamento.

Já aqueles que fazem parte do quadro fixo e são contratados com carteira assinada têm seus direitos e deveres determinados pela Consolidação das Leis do Trabalho (CLT). A carga horária é a tradicional, de oito horas diárias, e as extras variam de acordo com a política de cada empresa. Muitas trabalham com o sistema de banco de horas, concedendo folga para o funcionário quando as horas ficam acumuladas.

Como autônomo, ou seja, *freelancer*, e quando é o caso de um trabalho mais curto (menos de um mês), as condições costumam ser acertadas por *e-mail* entre a empresa organizadora e o profissional. As partes chegam a um acordo sobre um valor, que é pago após a realização do evento, via depósito em conta. No período, em geral a empresa organizadora fornece uma verba de custo para o produtor, incluindo vale-refeição e vale-transporte. Para trabalhos com duração acima de um mês, é feito contrato de prestação de serviços, com um pagamento mensal ao produtor, além das ajudas de custo de praxe (VR e VT). É muito comum que as empresas peçam que o profissional autônomo emita nota fiscal para receber o pagamento. Informe-se com a empresa.

Dependendo do trabalho, o produtor também assina um contrato de confidencialidade. Isso porque existem eventos com programação aberta e os com programação fechada. Exemplos de eventos com programação aberta são os seminários e congressos, que têm horários específicos para palestras, mesas-redondas, etc.; ou seja, o público conhece, com antecedência, toda a agenda. Nos eventos com programação fechada, geralmente acontecem atrações que visam surpreender e encantar os participantes. Para o produtor nada será segredo, afinal ele precisa saber de tudo para poder fazer o encantamento acontecer. Mas, por força do contrato de confidencialidade, é obrigado a manter sigilo sobre os detalhes da produção.

A ética tem de fazer parte de toda a atuação do profissional de eventos, em todos os momentos. Ser ético não é apenas ser honesto e respeitoso em seu trabalho e na convivência com os colegas. Ser ético é também saber que, ao fazer parte da produção de um evento, você acaba, de certa forma, fazendo parte da empresa cliente. Você não é só um representante da organizadora do evento; você tem, também, parte da responsabilidade sobre a imagem do cliente. Pense nesta situação: numa roda de amigos, você comenta: "Estou trabalhando no evento da empresa Tal. Estão levando a gente à loucura...". O que vai ficar desse comentário? *Empresa Tal = Loucura*. Ou seja, algo péssimo para a imagem do cliente — e, acredite, para você também. Pega muito mal fazer qualquer tipo de comentário, seja sobre a empresa cliente, seja sobre a organizadora que o contratou. Também nunca comente que está cansado ou desestimulado... Não é profissional ficar reclamando da vida.

E não apenas comentários negativos são prejudiciais. Falar bem do trabalho pode apresentar suas armadilhas. Mesmo que você esteja empolgado por estar produzindo um evento maravilhoso, não caia na tentação de postar na internet, por exemplo, fotos da montagem com o texto "Evento top do top do Cliente Tal". O próprio cliente ou seus conhecidos poderão ver, não gostar e reclamar de você. A melhor maneira de divulgar o seu trabalho é fazê-lo bem-feito. No mundo dos eventos, as boas e as más famas correm rapidamente — tão rápido quanto uma postagem numa rede social da internet.

Administre bem o seu dinheiro

Quem trabalha com carteira assinada tem direito ao décimo terceiro salário, a férias remuneradas e ao Fundo de Garantia por Tempo de Serviço (FGTS). Além disso, há o recolhimento de um valor para o Instituto Nacional do Seguro Social (INSS) para fins da aposentadoria (o empregador recolhe uma parte, e uma outra é descontada do salário do empregado).

Quem está no mercado como autônomo tem uma liberdade maior de horários e até sobre os trabalhos a escolher, mas precisa saber administrar o que ganha nos *jobs*.

Se você é autônomo, procure contribuir para o INSS usando a Guia da Previdência Social (GPS), um documento próprio para isso. Essas guias pagas somam o tempo de serviço para a aposentadoria. Apenas quem contribui para o INSS pode solicitar não só a já citada aposentadoria (por tempo de serviço, idade ou invalidez) como também auxílio-doença, auxílio-acidente, seguro-desemprego e salário-maternidade.

Fazer um pé-de-meia sempre é válido para você conseguir honrar suas contas, tirar algumas semanas de merecidas férias ou mesmo lidar com algum imprevisto ou problema de saúde.

Dificilmente um profissional competente e responsável fica sem trabalho. Mesmo assim, a área de eventos tem períodos melhores e outros mais fracos. Por isso, procure administrar o seu dinheiro considerando os altos e baixos naturais do mercado. Conhecendo essas oscilações, é possível administrar também a sua agenda. Com o tempo e atuando com dedicação, nos períodos de alta muito provavelmente você poderá escolher em qual evento vai trabalhar ou acabar sendo contratado por uma empresa organizadora para fazer parte do quadro fixo.

JANEIRO/ FEVEREIRO/ MARÇO/ ABRIL

Janeiro é considerado um mês fraco, mas existem os eventos relacionados com as férias de verão, realizados em cidades do litoral. De maneira geral, as empresas organizadoras ainda não começaram a contratar para os eventos que vão acontecer mais tarde — a não ser que o Carnaval ocorra muito cedo, em fevereiro.

Em fevereiro e março, a folia de Momo esquenta o mercado. O produtor é chamado, normalmente, para eventos pré-carnavalescos, não só em empresas privadas como também em espaços públicos das cidades nas quais a festa é tradicional, como Rio de Janeiro, Recife, Olinda, Salvador e São Paulo. O Carnaval em si concentra a maior parte das contratações para a operacionalização das grandes festas e dos desfiles das escolas de samba. Logo após a folia acontecem os eventos corporativos nos quais as empresas apresentam suas atividades para aquele ano: por exemplo, convenções para a exposição das metas a serem atingidas ou festas de lançamento da programação de uma emissora de TV. Prepare-se, produtor: passada a Quarta-Feira de Cinzas, a próxima segunda-feira é "sua".

Em abril, o ano começou de fato, então o produtor está trabalhando em eventos que as empresas programaram no ano anterior como parte de suas atividades (por exemplo, lançamento/divulgação de produtos; eventos de fortalecimento da marca junto ao público). Também ficam mais frequentes congressos e seminários de categorias profissionais específicas (por exemplo, congressos médicos). O mercado também está contratando para os eventos de maio, como o Dia das Mães e casamentos.

MAIO/ JUNHO/ JULHO/ AGOSTO

Além do Dia das Mães, que aumenta a realização de eventos corporativos para homenagear suas funcionárias, neste período acontece um grande movimento de contratações visando os eventos de inverno e os festejos juninos — que também são "julhinos". O São João não gera apenas festas grandiosas em cidades do interior de todo o país; nas grandes capitais, é muito comum as empresas promoverem eventos em junho e julho para seus funcionários.

Em julho, cidades serranas, mais procuradas para as férias, são palco de diversos eventos realizados tanto por empresas quanto pelo poder público. Pode ser o mês de descanso para outros profissionais — mas para o profissional de eventos, definitivamente, não!

Em agosto, passadas as férias, volta a programação mais corporativa. É também um período aquecido em cidades do interior com tradição pecuária, com suas "Expos".

SETEMBRO/ OUTUBRO/ NOVEMBRO/ DEZEMBRO

O início da primavera é uma época de muitos eventos nas empresas. Casamentos também estão em alta. Além disso, em setembro começam as contratações para as festas de fim de ano. A grandiosidade de alguns eventos muitas vezes exige o envolvimento do produtor por um prazo acima de três meses — o que quer dizer que é grande a possibilidade de, neste período, o profissional ser contratado para o quadro fixo de uma empresa organizadora.

Em outubro, diversas empresas, embaladas pelo Dia das Crianças, promovem eventos familiares para seus funcionários.

Até o fim do ano — mais especificamente, até 20 de dezembro —, será crescente a realização de eventos corporativos de confraternização. Após 20 de dezembro, é o Natal propriamente dito, com as festas relativas a essa data.

No Réveillon, muito trabalho à vista, nas grandes viradas que acontecem nas capitais, promovidas pelo poder público e patrocinadas por grandes empresas.

O bom produtor de eventos nem precisará fazer simpatias, como pular ondas ou comer lentilhas: se tiver trabalhado bem e de forma responsável no ano que passou, janeiro só será mês de descanso, se você quiser.

2 O funcionamento do evento

Você é contratado para um trabalho, para começar no dia seguinte. No mercado de eventos isso é comum. No entanto, antes da etapa de realização, de "colocar a mão na massa", houve todo um planejamento e toda uma organização do evento.

Veja o caminho a seguir. Ele mostra tudo o que acontece na preparação de um evento — e onde você está.

Planejamento

Nesta primeira etapa, a empresa organizadora do evento:

* desenvolveu e definiu, com o cliente, se o evento seria nacional ou internacional, bem como o *perfil* e o *mote*;
* definiu, com o cliente, se haveria *show*;
* estabeleceu, com o cliente, o "desenho" do evento (atividades, atrações, etc.);
* estudou o calendário de eventos da cidade (para saber se não haveria falta de fornecedores ou mesmo concorrência para o seu evento);
* definiu, com o cliente, o *budget* e elaborou planilhas para controlar os gastos;
* fez o chamado "ponto de equilíbrio", ou seja, a relação necessária entre custos e o número de participantes para tornar o evento viável;
* imaginou, com o cliente, a programação visual do evento e a sua divulgação;
* identificou as necessidades de produção: alvarás; infraestrutura (luz e tecnologia, por exemplo); segurança; A&B não só para a equipe, mas também para os participantes;
* verificou as providências necessárias quanto a recepção de autoridades e acomodação de convidados, incluindo cardápios especiais;
* definiu, com o cliente, o *mailing* (a lista de pessoas que seriam comunicadas sobre o evento) e a lista de convidados.

> O **PERFIL** SE REFERE A QUEM O EVENTO QUER ATINGIR. O **MOTE** É O QUE ELE QUER APRESENTAR E ENTREGAR. O **MOTE** É A MENSAGEM, A ESSÊNCIA.

> ESSA PALAVRA INGLESA SIGNIFICA "ORÇAMENTO" E É PRONUNCIADA COMO "BÁDGET". É MUITO USADA NA ÁREA DE EVENTOS.

> ESSA É A SIGLA USADA NA ÁREA PARA SE REFERIR AO "PAR" **ALIMENTOS + BEBIDAS**.

> PRONUNCIA-SE "MEILIN". EM INGLÊS, AO PÉ DA LETRA, SIGNIFICA O ENVIO DE ALGO PELO CORREIO. NO MERCADO DE EVENTOS, COMO VOCÊ VIU, É A PRÓPRIA LISTA DAS PESSOAS.

Organização

Nesta segunda etapa, a empresa organizadora:
* validou todas as questões burocráticas, como alvarás e autorizações (contatando órgãos públicos, como secretarias estaduais e municipais, além dos bombeiros);
* realizou pagamentos de direitos autorais, se necessário (o mais conhecido é o pagamento do Escritório Central de Arrecadação e Distribuição — Ecad, que recolhe taxas relativas às músicas executadas no evento);
* verificou e validou os encargos sociais e trabalhistas das pessoas que trabalhariam no evento;
* selecionou e contratou o pessoal; AQUI ESTARIA VOCÊ, UM PRODUTOR DE EVENTOS!
* avançou no trabalho de divulgação. Se, na primeira etapa, o foco estava em definir quais seriam as formas de divulgação, agora a equipe interna da empresa organizadora passou a trabalhar no "como";
* selecionou o espaço de eventos e realizou uma visita técnica para detectar o que seria preciso fazer em termos de cenografia, tecnologia (por exemplo, tela de plasma), infraestrutura (como internet sem fio), segurança e logística;

A OUTRA MANEIRA DE FALAR "SEM FIO" É *WI-FI* (PRONUNCIA-SE "UAI FAI"), QUE VOCÊ JÁ DEVE TER LIDO EM PLACAS DE MUITOS ESTABELECIMENTOS, INDICANDO QUE ALI EXISTE CONEXÃO À INTERNET. *WI-FI* É UMA ABREVIAÇÃO DA EXPRESSÃO EM INGLÊS *WIRELESS FIDELITY*, QUE QUER DIZER "FIDELIDADE SEM FIO".

SEMPRE É PRECISO TER UM PARA ASSEGURAR A ENERGIA EM CASO DE APAGÃO. EM QUASE QUINZE ANOS DE CARREIRA, NA ÚNICA VEZ EM QUE ACEITEI FAZER UM EVENTO SEM **GERADOR** (PORQUE O CLIENTE NÃO QUIS PAGAR PELO EQUIPAMENTO), ACABOU A LUZ DA RUA. FOI UMA LIÇÃO: HOJE, SEM GERADOR, NÃO REALIZO QUALQUER EVENTO QUE SEJA. SEM LUZ, NADA EXISTE.

VALLET: O SERVIÇO DE MANOBRISTAS.

* começou a tomar providências sobre a produção geral do evento: locação do espaço; locação de gerador; contratação da empresa de A&B; locação e/ou compra da iluminação, da cenografia, do mobiliário e do paisagismo; acerto do transporte dos materiais de iluminação, cenografia, mobiliário e paisagismo; locação e/ou produção dos uniformes do *staff*; comunicação do evento ao público; criação e impressão dos convites; envio dos convites (por *motoboy*? por motorista?); contratação da empresa fabricante de brindes e kits do evento; contratação de fotógrafo e equipe de filmagem (para registrar o evento); contratação do *vallet* para o dia.

EXPRESSÃO EM INGLÊS MUITO USADA NA ÁREA. **STAFF** É A EQUIPE.

* elaborou o *check-list*, o documento que traz informados todos esses itens citados acima (sobre esse assunto, veja a página 44).

Realização

Você, produtor, está aqui. Esta etapa dá conta destas tarefas:

* verificação da "papelada" que envolve o evento (alvarás, autorizações, pagamentos de taxas como a do Ecad);
* controle do serviço de receptivo em hotéis e aeroportos para convidados e participantes;
* acompanhamento da montagem do evento;
* controle da operação no transcorrer do evento: serviço de manobrista a postos? Credenciamento funcionando bem? A&B disponíveis e sendo servidos de acordo? A bebida está gelada? A comida está sendo servida quente?
* assessoria aos participantes do evento, como acomodação em salas reservadas e encaminhamento para os locais adequados, de acordo com a programação;
* assessoria aos jornalistas presentes, verificando a atuação desses profissionais segundo o planejado para o evento;
* organização da distribuição dos materiais (como as já citadas credenciais, além de crachás, pastas, *gifts*, brindes, etc.), nos momentos e horários adequados. A entrega pode ser feita por pessoal de apoio, como as recepcionistas internas, mas a supervisão dessa operação é responsabilidade do produtor;
* acompanhamento da desmontagem;
* registro de números e ocorrências do evento, para subsidiar a etapa seguinte (relatório pós-evento).

> PRONUNCIA-SE "GUÍFTS" E SIGNIFICA PRESENTE, LEMBRANCINHA, BRINDE.

Pós-evento

Nesta etapa, a empresa organizadora apresenta um relatório dos resultados para o cliente e envia uma carta de agradecimento a ele — muitas vezes, com um mimo, como uma caixa de bombons, por exemplo.

Check-list

Esse pequeno documento é o fiel companheiro de todos os envolvidos na organização e na realização de um evento. Não é à toa que, no fim, o papel está amassado e rabiscado... O *check-list*, como diz o nome em inglês, é uma lista de checagem. Traz todos os itens relativos à contratação de materiais e serviços para o evento, incluindo o receptivo e o apoio para participantes, locação do espaço, montagem e desmontagem — ou seja, tudo aquilo de que o evento precisa para acontecer. Com o *check-list* vai uma lista com os telefones de todos os envolvidos: desde fornecedores dos serviços aos colegas da empresa organizadora envolvidos com o evento. O *check-list* detalha tudo a que o profissional precisa ficar atento. É um instrumento valioso para que ninguém se esqueça de nada, controle o andamento de seu trabalho e atue de modo eficaz em alguma situação imprevista. Dessa forma, cada um consegue fazer eficientemente a parte que lhe cabe na grande engrenagem que é um evento.

Confira um modelo básico e, depois, um detalhamento dos itens que compõem o *check-list*.

CHECK-LIST (MODELO)
- ☑ COORDENAÇÃO DO EVENTO
- ☑ CONVITE
- ☑ CENOGRAFIA
- ☑ PAISAGISMO
- ☑ ILUMINAÇÃO
- ☑ SONORIZAÇÃO
- ☑ A&B
- ☑ RECEPÇÃO/RECEPTIVO
- ☑ STAFF
- ☑ COMUNICAÇÃO
- ☑ PROGRAMAÇÃO

☑ COORDENAÇÃO DO EVENTO

Neste item vão os nomes do profissional de atendimento ao cliente e do produtor geral. O primeiro, chamado apenas de atendimento, é a pessoa que fala diretamente com o cliente e, a partir disso, orienta o trabalho na empresa organizadora do evento. O produtor geral é a "ponte" entre o atendimento e os produtores. O capítulo 3 explica com mais detalhes a dinâmica de trabalho entre esses profissionais: atendimento, produtor geral e produtores.

☑ CONVITE

Não existe evento sem convite; e todo convite precisa ser criado e enviado ao seu destinatário.

Cada vez mais comum é o convite enviado por *e-mail*.

Caso seja em papel, entre a criação e o envio também existe a etapa de impressão em gráfica. Portanto, no item "Convite" do *check-list* geralmente há os seguintes subitens:

* criação;
* impressão (se o convite for em papel);
* envio dos convites para a lista de convidados escolhida.

Cada subitem desses significa um processo que envolve empresas terceirizadas contratadas pela organizadora do evento. Neste caso:

* a criação envolve uma empresa de comunicação;
* a impressão envolve uma gráfica;
* o envio dos convites envolve empresas de *motoboys* ou motoristas.

EM ALGUNS CASOS, ESSA EMPRESA PODE SER UM DEPARTAMENTO DENTRO DA PRÓPRIA FIRMA ORGANIZADORA DE EVENTOS.

EM EVENTOS MAIS SOFISTICADOS, O CONVITE CHEGA DESSA MANEIRA, POR MOTORISTA.

Conforme cada etapa é concluída, o produtor envolvido vai ticando o subitem, indicando que esse processo está ok e/ou cumprido.

Antes de irmos para o próximo item do nosso *check-list* modelo, vale a pena fazer uma pausa para tratarmos de RSVP e *save the date*.

RSVP é a sigla da expressão em francês *répondez s'il vous plaît* e significa "responda, por favor". Ela aparece tanto nos convites virtuais quanto nos convites de papel, quando o cliente deseja que o convidado confirme com antecedência se comparecerá ou não. A sigla RSVP vem seguida de um número de telefone ou endereço de *e-mail*, justamente para a pessoa confirmar se irá ou não, se irá sozinha ou com acompanhante, etc. Ter uma estimativa do número de pessoas é fundamental para a organizadora calcular a quantidade de comida e de bebida. Mas a experiência mostra que, no Brasil, pouca gente faz a confirmação solicitada no convite — por isso, na dúvida, as empresas preveem cerca de 20% a mais de A&B para um evento.

Save the date é uma solicitação para o convidado reservar determinada data; um aviso de que, em tal dia, haverá um evento. É isso que significa essa frase em inglês, que se pronuncia "sêiv de dêiti". O *save the date* é enviado para o convidado antes mesmo de ele receber o convite, justamente para ficar "preparado". Ele pode ser de papel ou enviado por *e-mail*.

☑ CENOGRAFIA

Este item explica bem por que o *check-list* é o fiel companheiro dos profissionais de eventos envolvidos com as etapas de organização e de realização, e por que esse papel pode chegar ao grande dia usado, rabiscado e até amassado. Os itens do *check-list* abrangem desde as providências que precisam ser tomadas com antecedência até as que serão checadas apenas na hora. Veja os subitens que geralmente fazem parte da cenografia:

A NÃO SER QUE VOCÊ TENHA O CUIDADO DE PROTEGER O *CHECK-LIST*, USANDO SEMPRE UMA PASTA DURA OU UMA PRANCHETA. CAPRICHO COM O TRABALHO TAMBÉM CONTA PONTOS.

* móveis;
* *backdrop*;
* cinzeiros;
* cestos de apoio;
* etc.

É AQUELE PAINEL PRODUZIDO PARA A COMUNICAÇÃO VISUAL DO EVENTO. NO **BACKDROP** GERALMENTE VAI A LOGOMARCA DO PRODUTO QUE ESTÁ SENDO DIVULGADO OU DA EMPRESA PATROCINADORA DA FESTA. O **BACKDROP** SERVE DE FUNDO PARA OS MOMENTOS IMPORTANTES DO EVENTO: DISCURSOS DE PESSOAS DE DESTAQUE, FOTOS COM CELEBRIDADES, DEMONSTRAÇÕES DE PRODUTOS. DESSA MANEIRA, A LOGOMARCA QUE ESTÁ ALI AO FUNDO VAI SE TORNANDO AINDA MAIS CONHECIDA E PRESENTE NA MÍDIA. A PRONÚNCIA É "BÉQUI DRÓP".

Esses subitens receberão um sinal de ☑ em diversas etapas do processo de organização e de realização do evento. Tomando como exemplo o *backdrop*, há as etapas da criação, da confecção, do pagamento, da sua entrega/instalação no espaço de evento. Para cada etapa cumprida, o profissional envolvido faz um ☑.

☑ PAISAGISMO

O paisagismo é feito por um profissional especializado. Ele deve trabalhar em sintonia com a cenografia de modo a definir as plantas e as flores ideais para a proposta do evento. Plantas e flores também são um "material" que precisa ter várias etapas conduzidas e acompanhadas pelos profissionais de eventos: contratação e pagamento do paisagista, entrega dos itens, arrumação no ambiente.

☑ ILUMINAÇÃO

Da mesma forma que a cenografia, a iluminação é um item que precisa ser trabalhado antes e durante o evento. Os subitens que podem fazer parte do assunto "Iluminação" são:

- gerador (contratação, pagamento ao fornecedor, entrega e instalação);
- abajures, de acordo com a cenografia planejada;
- lâmpadas, também de acordo com a cenografia contratada;
- equipamentos para efeitos de luzes;
- eletricistas;
- operadores de efeitos de luzes.

☑ SONORIZAÇÃO

Também exige acompanhamento antes e durante o evento. Ou seja, contratação de fornecedores, pagamento, instalação de equipamentos, funcionamento durante o evento. Veja os subitens que podem compor uma sonorização:

- *rider* de palco;
- caixas de som para o salão;
- instaladores dos equipamentos;
- Ecad (o recolhimento da taxa referente aos direitos autorais);
- volume do som adequado ao evento (este é um controle feito na hora).

O ***RIDER*** (PRONUNCIA-SE "RAIDER") SIGNIFICA TODO O APARATO RELATIVO AO SOM E AO ARTISTA QUE VAI SE APRESENTAR NO EVENTO: PALCO, EQUIPAMENTOS, MÁQUINA DE FUMAÇA, CAMARIM, ETC. A CONSTRUÇÃO DO CAMARIM É TAREFA DA CENOGRAFIA, MAS O SEU "FUNCIONAMENTO" ESTÁ LIGADO AO ***RIDER***. UM EXEMPLO SÃO AS EXIGÊNCIAS DE CAMARIM FEITAS POR UM ARTISTA, QUE FAZEM PARTE DO ***RIDER***. NO CASO DE EVENTO APENAS COM DJ NÃO COSTUMA HAVER CAMARIM: EXISTEM SOMENTE A MESA NA QUAL ELE TRABALHA E AS CAIXAS DE SOM ESPALHADAS PELO AMBIENTE. TODA A INFRAESTRUTURA DO ***RIDER*** É CONTRATADA PELA EMPRESA ORGANIZADORA DO EVENTO. APENAS OS MÚSICOS SÃO TRAZIDOS PELO ARTISTA, JÁ QUE FAZEM PARTE DA BANDA QUE O ACOMPANHA.

☑ **A&B**

Também é um serviço que exige acompanhamento antes e durante o evento. Veja os subitens mais comuns:
- bufê;
- *staff*;
  - *maître* (chefe dos garçons; o modo de pronunciar é "métre");
  - garçons (incluindo os de "retira", que são os responsáveis por recolher itens usados);
  - copeiras;
  - uniforme (criação e produção, se necessário, ou locação dos trajes);
- mobiliário e estações, tanto de comida como de bebida. Algumas vezes é a empresa de A&B que fornece esse material; em outras, vem do fornecedor da cenografia.

☑ **RECEPÇÃO/RECEPTIVO**

O receptivo, desempenhado na maioria das vezes por moças ou rapazes de boa aparência, é um trabalho tanto externo quanto interno. O externo basicamente recebe os convidados e faz o credenciamento, quando necessário. O interno presta informações aos convidados, como orientação sobre salas e ambientes — o que é importante, principalmente, em seminários e congressos.

Veja os subitens que geralmente precisam ser considerados:
- recepcionistas (contratação);
- uniforme (criação e produção, se necessário, ou locação dos trajes);
- mesa de apoio;
- pulseiras de acesso (produção e distribuição);
- crachás (produção e distribuição).

O receptivo também abrange o serviço de receber convidados e/ou artistas do evento em aeroportos e encaminhá-los a hotéis e restaurantes, bem como ao local do evento, etc.

Neste caso, então, os itens que costumam ser necessários e precisam ser checados são:
- motorista para o deslocamento do convidado/artista (horários, pagamentos);
- hotel no qual a pessoa ficará hospedada (confirmação de reserva, pagamentos);
- atendimento das exigências dos convidados — por exemplo, apartamento no hotel de frente para o mar ou água mineral de uma marca específica. Também pode acontecer de, se o convidado for estrangeiro, o produtor precisar trocar a moeda, para que a pessoa tenha dinheiro local em mãos.

> É, BASICAMENTE, O MESMO SERVIÇO PRESTADO POR AGÊNCIAS DE TURISMO QUANDO O TURISTA CHEGA A UMA CIDADE — TANTO QUE, NO MERCADO DE VIAGENS, ELES TAMBÉM ADOTAM ESSE NOME: "**RECEPTIVO**".

> NESTA SITUAÇÃO, É FUNDAMENTAL SABER SE COMUNICAR EM INGLÊS.

☑ STAFF

Embora o termo *staff* se refira a toda a equipe que está trabalhando num evento, dentro do *check-list* essa palavra ganha um significado mais específico. É o pessoal que cuida dos serviços que, juntos, formam um "apoio geral". Assim como geralmente há um produtor encarregado de "cuidar" da cenografia, um produtor responsável por A&B, um produtor encarregado do aparato de som, etc., também há um produtor encarregado do *staff*. Veja quais seriam os "assuntos" aos quais esse produtor de *staff* teria de ficar atento:
- manobristas;
- segurança;
- limpeza de sanitários;

- ambulância:
  - nomes dos médicos de plantão;
  - nomes e localização dos hospitais mais próximos (em caso de emergência);
- bombeiro plantonista;
- policiamento da rua.

Vale lembrar que cada um desses "assuntos" gera um trâmite específico: contratação do fornecedor, pagamento, supervisão durante o evento.

☑ **COMUNICAÇÃO**

- jornalistas convidados;
- *press release*;
- *kits* de imprensa;
- equipe de registro do evento (fotografia e captação de imagens).

☑ **PROGRAMAÇÃO**

Este item detalha todas as atividades e atrações previstas, guiando o produtor durante o evento.

Conforme você viu no capítulo I, existem os eventos com programação aberta (conhecida do público) e os eventos com programação fechada (aqueles com atrações e *shows* surpresa para os convidados). Seja programação aberta, seja programação fechada, para a equipe do evento ela estará toda detalhada no *check-list*, a fim de que tudo ocorra dentro do planejado.

> É UM MATERIAL INFORMATIVO PARA OS JORNALISTAS, DETALHANDO O EVENTO. A FUNÇÃO DO **PRESS RELEASE** (PRONUNCIA-SE "PRÉS RILISE") É GERAR PAUTA, OU SEJA, FAZER COM QUE AQUELE EVENTO GANHE COBERTURA DA MÍDIA E, ASSIM, APAREÇA PARA O PÚBLICO. MESMO QUE O **PRESS RELEASE** SEJA UM MATERIAL PREPARADO PELA ASSESSORIA DE IMPRENSA CONTRATADA PARA O EVENTO, A EMPRESA ORGANIZADORA ACOMPANHA O PROCESSO. GERALMENTE COM O **PRESS RELEASE** O JORNALISTA RECEBE O KIT DE IMPRENSA, QUE PODE SER UM BRINDE OU UMA AMOSTRA DO PRODUTO-TEMA DO EVENTO.

TEMPOS E MOMENTOS/TEMPOS E MOVIMENTOS

Todo evento tem a sua programação e, para que ela seja cumprida corretamente, algumas empresas organizadoras desenvolvem documentos de auxílio aos produtores. É como uma orientação, a fim de que o produtor encaminhe um convidado na hora certa para alguma sala, verifique se um artista já chegou, entre outras tarefas.

Esses documentos orientadores podem ter diversos nomes, dependendo da empresa organizadora.

Aqui eles serão apresentados com os nomes que utilizo em meu dia a dia: "Tempos e momentos" e "Tempos e movimentos". Essas denominações resumem bem a função desses documentos, que é informar tudo o que acontecerá durante todo o evento, em detalhes — às vezes, minuto a minuto.

O "Tempos e movimentos" se refere às atividades de uma forma mais ampla. Por exemplo: imagine um congresso médico acontecendo em um espaço de eventos. Às 15 horas, de acordo com a programação, haverá uma mesa-redonda na sala A, um *workshop* na sala B e uma palestra na sala C. O documento de "Tempos e movimentos" informa a respeito dessas atividades (mesa-redonda, *workshop* e palestra) que ocorrem simultaneamente em um mesmo evento, servindo como um guia precioso para o trabalho dos produtores envolvidos.

O "Tempos e momentos" é para um ambiente fechado. Imagine que, inserido na palestra que está ocorrendo na sala C, haverá um momento para a fala do palestrante e outro para as perguntas da plateia. Esses tempos estão todos previstos no documento "Tempos e momentos".

TAMBÉM CHAMADO APENAS DE MC. O **MESTRE DE CERIMÔNIAS** É O PROFISSIONAL ESPECIALIZADO QUE, MICROFONE A POSTOS, "CONDUZ" O EVENTO, ANUNCIANDO AOS CONVIDADOS AS ATRAÇÕES E AS SITUAÇÕES IMPORTANTES, COMO O DISCURSO DO PRESIDENTE, A PRESENÇA DE DETERMINADA CELEBRIDADE, ETC. ELE TAMBÉM ARTICULA MOMENTOS DE PERGUNTAS E RESPOSTAS, PROMOVENDO A INTEGRAÇÃO ENTRE OS PARTICIPANTES. ALÉM DISSO, TEM JOGO DE CINTURA DE SOBRA PARA "NÃO DEIXAR A PETECA CAIR" CASO OCORRA ALGUM PROBLEMA TÉCNICO OU UM IMPREVISTO.

Veja o modelo a seguir. Ele descreve os tempos e momentos de um seminário. O modelo traz apenas a primeira hora do evento. Como você verá, ele não só é um guia para os produtores; ele funciona também como um roteiro para a mestre de cerimônias. Tanto o evento quanto o nome da mestre de cerimônias são fictícios.

Neste momento, vale uma explicação sobre o termo "toque", que aparecerá no modelo proposto. No teatro, são acionados alguns sinais sonoros para avisar a plateia de que a peça está para começar. Em nosso caso é a mesma coisa. Os toques acontecem pouco antes do início da programação de um evento, para que os participantes se dirijam às suas salas.

E, vale a pena destacar, aqui o termo "blecaute" não quer dizer um apagão inesperado; ele significa o momento planejado em que as luzes são apagadas para que haja um "respiro" entre uma atração e outra.

XI SEMINÁRIO INTERNACIONAL DE HOTELARIA
• ROTEIRO DO CERIMONIAL •

9h30: Primeiro toque.

9h35: Segundo toque.

9h40: Terceiro toque.

9h45: Blecaute, luz + tela.

10h: Vinheta de abertura.

10h02: MC Lúcia Pontes.
Bom dia, sejam bem-vindos ao Décimo Primeiro Seminário Internacional de Hotelaria. Um evento que tem a realização de... *[A fala da MC estaria toda escrita].*

10h15: MC.
Para abertura oficial do evento, eu convido primeiramente ao palco Fulano...
[A fala da MC estaria toda escrita].
Minicurrículo de Fulano anexo.
Fala de Fulano: 5 min.
Trilha sobe.

10h20: MC.
Obrigada, sr. Fulano, peço que permaneça um pouco mais no palco, para recebermos o sr. Sicrano, presidente do... *[A fala da MC estaria toda escrita].*
Minicurrículo de Sicrano anexo.
Trilha sobe.
Fala de Sicrano: 5 min.

10h25: MC.
Obrigada, sr. Fulano e sr. Sicrano. Vamos às palestras.
Antes de chamar o nosso primeiro convidado, gostaria de avisar que, dentro das pastas entregues no credenciamento estão as fichas para as perguntas, que podem ser encaminhadas ao final de cada palestra.
É só entregá-las para as nossas recepcionistas.
Todas as perguntas serão respondidas dentro do limite de tempo de cada bloco.
Vamos abrir nossa programação de palestras, com o tema: Estratégia empresarial.
Nossos convidados: *[Continua a fala da MC].*

Agora que você conheceu os "bastidores", é hora de ir para o evento "propriamente dito". Aproveite bem os próximos capítulos, que vão ajudá-lo na sua prática de produtor.

3 Chegou a hora: a montagem de um evento

**Três dias antes de um evento,
é comum acontecer uma grande e importante
reunião na empresa organizadora para
alinhar os detalhes. Participam todos os
produtores (internos e autônomos),
o produtor geral e o atendimento.**

Neste momento vale lembrar e conhecer melhor "quem é quem"; o papel de cada um:

* atendimento: é um profissional do quadro fixo da empresa organizadora que, como o nome diz, atende diretamente o cliente. Costumo falar que é a pessoa que divide com o cliente as felicidades e as alegrias, mas que tem, também, a missão de informá-lo sobre quando há algum problema.
* produtor geral: é o profissional que faz a "ponte" entre os produtores e o atendimento. Pode ser do quadro fixo da organizadora ou um contratado para um evento específico.
* produtores: são os profissionais que trabalham diretamente nos diversos aspectos de um evento — por exemplo, com alimentos e bebidas, cenografia, etc. —, em todas as etapas: na montagem, no transcorrer e na desmontagem do evento.

A "ponte" feita pelo produtor geral tem mão de direção dupla. É o que mostram os dois exemplos a seguir.

NESTE CASO, É UM PROFISSIONAL AUTÔNOMO QUE VEM TRABALHANDO COM FREQUÊNCIA PARA A EMPRESA E QUE JÁ CONQUISTOU A SUA CONFIANÇA PELA QUALIDADE DE SEU SERVIÇO.

EXEMPLO 1

No momento da montagem, surge um problema. Veja o caminho percorrido para a solução:

1. O produtor (ou produtora), que tem contato direto com os produtores das empresas fornecedoras terceirizadas (por exemplo, empresa de A&B), fica sabendo do problema.

2. O produtor informa o produtor geral.

3. O produtor geral informa o atendimento.

O atendimento conversa com o cliente, e, juntos, definem a solução.

O atendimento informa o produtor geral a solução a ser adotada.

O produtor geral comunica o produtor o caminho a seguir.

O produtor passa a orientação para o(s) fornecedor(es) e supervisiona o trabalho dele(s) dentro da nova diretriz.

EXEMPLO 2

No decorrer do evento, o cliente faz uma solicitação fora do planejado. Veja o que acontece:

O cliente fala com o atendimento e, juntos, definem o que será feito.

O atendimento comunica o produtor geral sobre a mudança.

O produtor geral informa os diversos produtores.

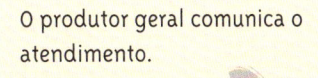

4. Os produtores se encarregam de fazer a mudança acontecer, com seus colegas produtores das empresas fornecedoras terceirizadas.

5. Os produtores informam ao produtor geral que a solicitação está cumprida.

6. O produtor geral comunica o atendimento.

7. O atendimento comunica o cliente.

A grande reunião, três dias antes, precisa ter a participação de todos — produtores, produtor geral e atendimento — porque, no dia evento, todos estarão lá, em campo. Nessa reunião, eles "passam" o *check-list*, confirmando as etapas que o evento terá e os processos de cada etapa. Essa verificação tem os seguintes objetivos:

* organizar a função de cada produtor para aquele evento (por exemplo, quem ficará cuidando da cenografia, quem ficará com A&B, etc.);
* checar se todos itens do *check-list* estão conferidos e resolvidos até aquele momento;
* discutir e avaliar os riscos do evento: o que pode sair errado e quais os planos de ação para resolver problemas.

A reunião pode ser demorada, por conta do grande número de detalhes vistos. Mas, caso a equipe esteja bem afinada, é capaz de ser rápida, não passando de 30 minutos.

> SABE AQUELA TROCA DE PNEUS QUE ACONTECE DURANTE UMA CORRIDA DE FÓRMULA 1? ELA É RAPIDÍSSIMA PORQUE, QUANDO O CARRO CHEGA PARA O *PIT STOP*, OS MEMBROS DA ESCUDERIA JÁ ESTÃO PREPARADOS PARA FAZER O SERVIÇO EM POUCOS SEGUNDOS. UMA REUNIÃO PRÉ-EVENTO COM EQUIPE AFINADA É ASSIM TAMBÉM: TODOS COM SUAS DEVIDAS TAREFAS JÁ VERIFICADAS, APENAS CONFIRMANDO, PARA OS PRESENTES, QUE ESTÁ TUDO OK.

Um dia antes

Na véspera do evento, as principais tarefas são:
* verificar a "papelada" (alvarás, autorizações, pagamentos de taxas como a do Ecad);
* fazer o controle do serviço de receptivo em hotéis e aeroportos para convidados e participantes;
* acompanhar a montagem (se for um evento que precisa começar a ser montado na véspera e não apenas no dia).

Nesse dia anterior ao do evento, provavelmente você, produtor, será destacado para uma visita técnica, conhecida como VT,

> CASO SEJA UM EVENTO CUJA MONTAGEM OCORRA NA VÉSPERA, A VT ACONTECERÁ "NA VÉSPERA DA VÉSPERA", OU SEJA, UM DIA ANTES DO INÍCIO DA MONTAGEM E DOIS DIAS ANTES DE O EVENTO SER ABERTO AO PÚBLICO.

ao local. Se não passarem essa missão para você, sugira que isso seja feito, afinal essa checagem é importantíssima para reduzir as chances de problemas acontecerem.

Convoque os fornecedores para fazer essa visita com você: o de material gráfico, o de sonorização, o de gerador, o de iluminação, o de segurança, o de A&B, etc.

Antes de sair para a VT, pegue o *check-list* e verifique com o Departamento Financeiro da empresa organizadora se o processo do evento está todo em dia: se o contrato está assinado, se os pagamentos estão todos feitos. E quais são esses pagamentos?

* fornecedores: cenografia, paisagismo, A&B, limpeza, receptivo, manobrista;
* Ecad, que, como você viu, cuida dos direitos autorais relativos à trilha sonora do evento;
* alvarás, que são pagos ao órgão municipal, estadual ou federal responsável pelo local. Um alvará bastante comum é o exigido quando um evento acontece em uma área pública, com interdições de ruas e todo um aparato técnico. Por exemplo, um *show* no Vale do Anhangabaú, no centro da cidade de São Paulo.

Antes de sair também confira com o atendimento se houve alguma "mudança de rota" no evento. Lembrando: o colega do atendimento está em contato direto com o cliente, por isso sabe em primeira mão sobre alguma eventual solicitação que possa impactar no trabalho dos produtores.

Check-list na mão, vá para a VT com o pensamento de que você, nessa visita, é como um "controle de qualidade". É hora de passar um "pente-fino", junto com o representante do espaço do evento, sobre as condições do ambiente — tudo para facilitar a operacionalização da montagem a ser feita no dia seguinte.

Por isso, olhos de águia. Percorra todo o local, fazendo um exercício mental sobre tudo o que pode dar errado, anotando qual seria a solução para, depois, conversar com o atendimento sobre como eventuais problemas poderiam ser solucionados.

☑ ENTRADAS E SAÍDAS

Aqui, além do *check-list*, é bom ter uma trena à mão. Na dúvida, meça a largura e a altura de portas e acessos de modo a conferir se eles têm dimensões suficientes para que passem móveis, plantas, o painel de fundo (o *backdrop*). Para isso, você também deve ter consigo as medidas de tudo o que foi contratado: mobiliário, decoração, vasos, suportes para caixa de som, o próprio painel de fundo, etc. Eventos em prédios comerciais costumam acontecer nos andares superiores, então procure checar as medidas dos elevadores. A verificação desses detalhes minimiza o risco de o mobiliário não passar ou de ser danificado, o que significa prejuízo para o cliente (isso porque, no fim das contas, o cliente é quem paga pelos estragos nos equipamentos de terceiros ocorridos no evento).

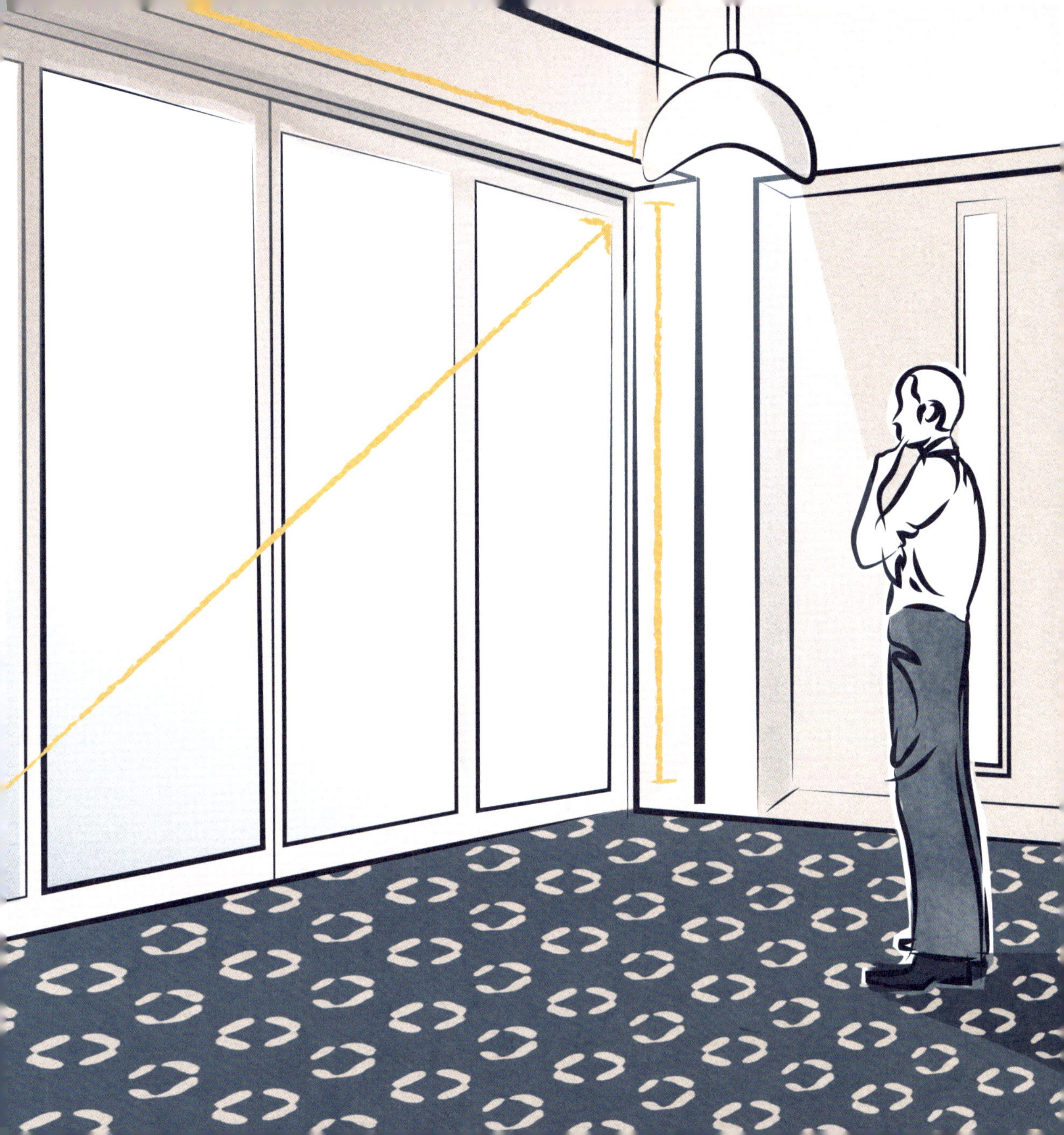

☑ HORÁRIOS DO ESPAÇO DE EVENTOS

Confira os horários do espaço de eventos reservados para a montagem. Assim, você poderá orientar os fornecedores sobre a hora em que eles devem chegar ao local. Não se esqueça de informar, aos fornecedores, o nome do representante do espaço de eventos com quem eles devem falar para dar início à montagem.

☑ ILUMINAÇÃO

Em companhia do fornecedor do gerador e do eletricista, verifique o quadro elétrico do espaço de eventos para saber se ele está em condições de suportar o equipamento, caso seja necessário. E, mais uma vez, acione a trena que você trouxe: faça a medição das distâncias entre os pontos de luz, sempre de olho no desenho da cenografia do evento. Dessa forma, será possível trazer a quantidade de fio suficiente para a montagem.

Procure marcar a visita para o começo da tarde; assim, você divide o dia desta maneira: na parte da manhã, faz todas as verificações na empresa organizadora; à tarde, realiza a VT e, depois, volta para a empresa organizadora para uma checagem final e, se for necessário (ou seja, se algo tiver mudado), fazer um repasse para o atendimento.

A checagem final após a visita técnica significa fazer contato — de preferência telefonando — com os fornecedores que não puderam estar com você no local. Nesse contato, reforce com eles o horário de chegada ao espaço de eventos e outros detalhes importantes.

> Dependendo do caso, pode ser útil aplicar uma "tática": falar para o fornecedor que o cliente antecipou o evento em uma hora e que, por isso, a montagem terá de começar mais cedo. Essa medida pode ajudar a garantir que tudo esteja pronto no tempo devido.

Chegou o dia

Bom dia!

Acorde de bom humor e mantenha essa boa disposição. Este é meio caminho andado para o evento correr bem. Seja educado e nobre, no sentido mais amplo da palavra. Nobreza de postura significa ser respeitoso e correto com todos, desde o pessoal que faz os serviços mais básicos até o cliente. Todos são importantes.

Separe sua roupa. Você vai usar uma para o trabalho de acompanhamento da montagem e outra no decorrer do evento. Para a montagem, use calça jeans, tênis confortável, camiseta ou camisa polo. Para o evento, você pode usar, por exemplo, aquele mesmo traje utilizado na entrevista de trabalho. Leve essa roupa do evento já passada, acomodada em um cabide. Não é porque você não é convidado que pode ficar amarrotado. Em um evento profissional, toda a equipe tem o visual bem-apresentado.

Se você vai direto de casa para o evento, ou se vai passar antes na empresa organizadora, isso já foi previamente combinado. O importante é chegar no horário marcado. Mas, se chegar antes, ponto para você.

No local, procure a sala de produção para guardar seus pertences. Essa é uma sala em que haverá muita circulação de pessoas; o ideal é que seja mantida fechada a chave porque podem acontecer furtos. A chave deve circular apenas pelas mãos de pessoas responsáveis.

Chave no bolso, *check-list* na mão, é o momento de circular por todo o local. Controle de qualidade em ação.

> AQUI VALE, TAMBÉM, O BOM SENSO. VERIFIQUE SE A COR DA ROUPA ESCOLHIDA NÃO É A COR DE ALGUM CONCORRENTE DA EMPRESA DO SEU EVENTO.

Produtor, para cada processo (por exemplo, cenografia, A&B, etc.) você terá um "par" no dia do evento. Esse par é o representante da empresa fornecedora daquele determinado processo/serviço. É com ele que você vai lidar para fazer o seu controle de qualidade. Procure a todo momento checar com esse seu par se tudo está certo, se algo pode atrasar, se está faltando algo. Caso aconteça um imprevisto que possa ser resolvido sem maiores consequências, você tem autonomia para tomar decisões. Mas, em caso de imprevistos que possam ter impactos maiores, procure o produtor geral. Dependendo da situação, o produtor geral acionará o atendimento, responsável pelo contato com o cliente (lembra-se do desenho das páginas 60 e 61?). Às vezes os imprevistos podem ser solicitações vindas diretamente do cliente, que está por ali acompanhando a montagem. Mesmo que o cliente faça uma solicitação diretamente para você, produtor, caso ela seja de impacto maior, não faça a mudança sem antes conversar com o produtor geral. Muitas vezes, esses contatos entre atendimento e produtores principais acontecem por rádio. O importante é que ninguém deixe de se comunicar.

SE VOCÊ FOI DESTACADO PARA CUIDAR DA CENOGRAFIA...

... prepare suas pernas, porque você vai caminhar bastante para acompanhar:

* a montagem do mobiliário;
* a distribuição de equipamentos;
* a instalação de placas, *banners*, sinalização (de banheiro, de credenciamentos), de painéis de *co-branding*.

> **BANNERS** SÃO AQUELAS PEÇAS PARECIDAS COM BANDEIRAS, GERALMENTE DE PLÁSTICO, QUE PODEM SER PENDURADAS OU APOIADAS EM UM SUPORTE. A PRONÚNCIA É "BÂNER".

> **BRAND**, EM INGLÊS, QUER DIZER MARCA. PRONUNCIA-SE "BRÉND".
> **CO-BRANDING** SIGNIFICA PARCERIA DE MARCAS, ALGO COMUM EM EVENTOS.

Geralmente, a montagem da cenografia de um evento padrão dura cerca de quatro horas. Para guiá-lo nessa tarefa, há um anexo ao *check-list* com um "mapa" da cenografia geral, como se fosse uma "planta baixa" do evento. Olhando sempre esse documento, você pode fazer o acompanhamento da montagem de cada processo em cada ambiente, de modo a evitar atrasos. Afinal, o atraso de um processo é capaz de acarretar a demora de outro, num efeito dominó.

Como dito anteriormente, pode acontecer de o cliente estar presente para checar os preparativos. Por isso, atenção redobrada à limpeza.

Procure tornar o seu olhar cada vez mais crítico e exigente. Essa é a receita para ser um profissional de bom senso e, por que não, de bom gosto. Por exemplo: se, mesmo seguindo o planejado, alguma coisa não funcionar na prática — por exemplo, um vaso que está atrapalhando a passagem —, você pode fazer essas pequenas modificações. Alterações maiores, no entanto, apenas conversando com o produtor geral.

O QUE PODE DAR ERRADO?

* *A logomarca do cliente foi impressa errada no painel.* É correr para refazer o serviço, com a mesma gráfica ou alguma outra. O problema maior será se o evento for realizado em uma cidade sem gráficas rápidas. Para evitar apuros como este, o ideal é perguntar para o atendimento, muito antes da montagem, se o cliente já possui um *banner* com a logomarca da empresa, em bom estado, que poderia ser usado numa emergência como esta. Ou seja, uma produção precavida já levará um *banner* "plano B" para a montagem.

* *A montagem atrasou, mesmo com todos os controles.* Não perca tempo: procure o responsável pela empresa fornecedora do serviço e cobre para que a situação seja regularizada com urgência. Mas pode acontecer de o evento começar e os bastidores não estarem finalizados. Ou, por exemplo, de já estar acontecendo o coquetel do início do evento e o auditório, ali ao lado, ainda estar na fase de finalização. Tenha sangue frio. Você já terá trocado de roupa, colocando o traje apropriado, e mesmo assim continuará fazendo o controle da finalização da montagem. Nesse momento, mais do que nunca, é importante o trabalho em equipe; fazer valer a rede de confiança que é construída no processo de montagem. Sim, porque, como produtor, você tem de ser exigente em relação ao serviço contratado — mas isso não significa ser mal-educado com o fornecedor. Para ele, tanto quanto para você, é importante que o evento seja bem-sucedido. Estão todos juntos no barco e devem se ajudar.

SE VOCÊ FOI DESTACADO PARA CUIDAR DO RECEPTIVO...

... verifique os materiais a serem entregues — não só os do decorrer do evento (por exemplo, pastas em um seminário), como também as lembrancinhas programadas para a saída. Também confira como está a aparência dos profissionais da recepção e do receptivo interno.

O QUE PODE DAR ERRADO?

* *O uniforme não serviu em uma recepcionista*. Para contornar essa situação, o ideal é o produtor de *staff* solicitar ao fornecedor do receptivo que as recepcionistas compareçam ao evento com uma muda de roupa "de emergência". Para mulheres, essa roupa de emergência, a prova de erros, é um vestido preto ou um terninho preto.
* *Uma recepcionista faltou*. Nesse caso, uma solução que costuma ser tomada pelo produtor geral é deslocar um produtor para desempenhar essa função na recepção. Se for caso de receptivo interno, o próprio anfitrião do evento (ou seja, o cliente ou um representante dele) pode recepcionar os convidados. Mas atenção: a lista de espera, na entrada no evento, nunca deve ser passada para o cliente. Esse trabalho deve ser feito por alguém da produção, e não pelo cliente.

SE VOCÊ FOI DESTACADO PARA CUIDAR DE A&B...

... fique atento para que chegue tudo fresco e em ordem. Geralmente esse trabalho se concentra nas três horas que antecedem o início do evento. Também preste atenção:

* ao aspecto da comida. Na dúvida, prove para saber se está ok;
* no vestuário e na higiene de garçons, garçonetes, copeiros e copeiras. Mulheres precisam estar sempre com o cabelo preso, as unhas feitas (e em cor clara) e sem acessórios do tipo pendurilcalho. Homens devem estar com a barba feita. Ambos, homens e mulheres, sem perfume (ou com um perfume muito, muito discreto).

É comum que o produtor destacado para A&B fique encarregado também da parte de paisagismo, porque em ambos os casos os materiais com que está lidando são sensíveis (plantas e alimentos). Além disso, é possível conciliar as duas tarefas.

O QUE PODE DAR ERRADO?

* *Um garçom chegou com a barba malfeita.* Um serviço que lida com comida e bebida de forma tão próxima não pode ser desempenhado com alguém com barba por fazer. Exija que a empresa de A&B envie outro profissional, afinal foi um deslize ter deixado vir um garçom sem esse pré-requisito de higiene e asseio pessoal.
* *Um integrante da brigada está bebendo.* A medida não deve ser outra do que tirar a pessoa do trabalho. E não deixe de anotar o ocorrido no relatório pós-evento. Provavelmente essa empresa da A&B não será chamada novamente para um evento futuro. Da mesma forma como você, produtor,

ACHOU QUE **BRIGADA** FOSSE SÓ NO EXÉRCITO OU DE INCÊNDIO? POIS NA ÁREA DE EVENTOS ESSE TERMO É MUITO COMUM. BRIGADA DE A&B SIGNIFICA A EQUIPE DE COPEIROS E GARÇONS.

não pode beber em serviço, também deve fiscalizar para que outras pessoas que estão trabalhando ajam adequadamente. Bebida só para os convidados.

Uma hora antes de o evento começar, geralmente acontece uma última reunião que lembra as preleções que antecedem uma partida de futebol. Nas preleções, o técnico e alguns jogadores buscam estimular a equipe com palavras, para que obtenham a vitória. Esse é o espírito dessa reunião: fazer com que todos vistam de vez a camisa. É, também, o momento de confirmar suas posições no jogo — quem está responsável pelo quê, por qual serviço — e de reforçar que essas posições não impedem que, em um momento de dificuldade do colega, você corra para dar suporte. Vemos na TV que, quando é necessário, o atacante do time corre para ajudar a defesa. O mesmo deve ser feito no evento. Por fim, se alguém ainda não sabe o nome de algum colega, fica sabendo nessa última reunião.

45 minutos antes de o evento começar

Faça uma passagem geral. Pode acontecer de algum convidado chegar antes do horário marcado, então garanta que o evento apresente excelência desde já.

Nessa passagem geral, coloque-se no lugar do convidado. Faça o percurso dele, com olhos de produtor, procurando checar se está tudo funcionando a contento.

* Você chegou e o manobrista pegou seu carro. Foi rápido? Foi educado? O tíquete veio logo para suas mãos ou você teve de ir a um guichê? Foi explicado se o serviço de manobrista é cortesia ou é pago? O pagamento é feito na entrada ou na saída?
* Você entrou. Foi recepcionado. A recepcionista o tratou com elegância? Em qual lista você está? Ela perguntou o nome da empresa e/ou veículo de imprensa a qual você está ligado? Ela o encaminhou para a área comum, onde provavelmente será a do coquetel ou *meeting*? [PRONUNCIA-SE "MÍTIN" E, EM INGLÊS, QUER DIZER ENCONTRO.]
* O anfitrião veio dar as boas-vindas? O anfitrião pode ser o próprio cliente ou o seu representante, ou pode ser um colaborador da empresa organizadora.
* Na área comum o garçom veio oferecer algum drinque ou mesmo uma água? Ou, caso seja evento sem serviço volante, você localizou com facilidade as mesas postas adequadamente para você se servir?
* Como está o ar condicionado? A temperatura está agradável?
* O som está adequado? Alto demais? Baixo demais?
* A iluminação está agradável? Está atrapalhando?
* A cenografia está adequada? Tem assento disponível para você se apoiar? Tem sinalização de wi-fi?

* Caso o local do evento tenha wi-fi, as pessoas estão treinadas para informar usuário e senha para ser feita a conexão à internet?

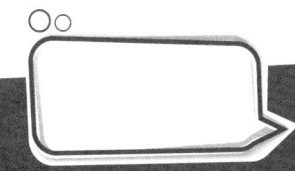

Na página 77, foi dado o exemplo da preleção de um jogo de futebol para explicar a última reunião pré-evento. Mas, no transcorrer dele, é possível lembrar uma outra imagem: a de um desfile de escola de samba. A escola tem de passar pela avenida com as fantasias impecáveis, com a bateria no ritmo, com harmonia — ou seja, sem buracos entre as alas —, com todos os integrantes cantando a letra do samba-enredo sem errar (e sorrindo). É o conjunto que encanta o público das arquibancadas, mas o encantamento só é possível porque ali, no chão, os diretores da agremiação vão acompanhando de perto a evolução das alas, chamando a atenção de algum integrante, sempre em busca da perfeição. Qualquer semelhança entre a atuação desses diretores das escolas de samba com a sua função de produtor não é mera coincidência — é exatamente isso que você deve fazer ao longo de um evento. Assista a um desfile de escola de samba com esse outro olhar, um olhar de produtor, um olhar "de bastidores". Mas veja o desfile que vale nota, e não o das campeãs, em que os participantes estão mais "relaxados". Além do espetáculo visual, você vai aprender bastante. E tenha em mente que, neste caso, a comissão julgadora é o público, implacável. Trabalhe com seriedade para fazer bonito. Nota dez sempre.

4 Diário de bordo de três eventos diferentes

> Serão apresentados aqui três *briefings* e, a partir de cada um, vamos fazer uma espécie de "Tempos e movimentos".

Estes aqui não são aquele mesmo *briefing* que você viu no primeiro capítulo. Aquele modelo resumia as informações que o cliente apresenta para a empresa organizadora quando a procura para realizar um evento. Aqui, cada *briefing* vai trazer um apanhado do evento sobre o qual você vai aprender mais. Lembra que, primeiro capítulo, foi dito que, em inglês, a palavra *briefing* significa informações resumidas/informações essenciais? Pois é isso: os *briefings*, neste capítulo, não são a encomenda do cliente para a agência; são um resumo do perfil do evento. Todos os nomes ali apresentados são fictícios: dos produtos, dos espaços de eventos, dos profissionais. Mas as situações são bem reais!

Os três eventos escolhidos como exemplo são muito comuns na área. Ao fazê-los bem, você estará apto a atuar em qualquer tipo de evento.

Evento 1

LANÇAMENTO DE PRODUTO/PERFUME

Nome: Duos.
Perfil: Fragrância unissex, cítrica, para o dia a dia.
Conceitos: Praticidade e movimento aliados à sofisticação.
Público-alvo: Jovem, de 18 a 30 anos, que está rumo a posições de comando.
Data: 21/03/2014 (sábado).
Locação: Nacional Clube.
Horário: Das 16h às 21h.
Quantidade de convidados: 250.
Atrações (celebridades contratadas): Laura Rios e Cauê Lima; Mariana Motta e Rafael Vasconcellos.
DJ: João Luxo.
Consultora de imagem: Flavia Zambon.
Promoters: Fábio Cavalcanti e Fernanda Ricci.
Assessoria de imprensa: KRP Comunicação.
RP: Sofia Lobos.

Este é um evento considerado de pequeno porte, porque tem 250 convidados. Um evento de médio porte que tenha entre 250 e 1.000 convidados. Um de grande porte teria de 1.000 a 3.000 convidados. Mais do que isso já estaríamos falando de megaeventos, como shows e jogos.

Antes de nos aprofundarmos nos tempos e movimentos deste evento, vale conhecer um pouco mais alguns dos profissionais citados no *briefing* e compreender como as atividades da consultora de imagem, do(s) *promoter(s)*, da assessoria de imprensa, da relações-públicas e da consultora de imagem se complementam.

DJ

O DJ é o responsável pelo som ambiente; é o "discotecário".

ESSA SIGLA (PRONUNCIADA COMO "DI-DJEI") VEM DA EXPRESSÃO EM INGLÊS ***DISC-JOCKEY***, QUE AO PÉ DA LETRA SIGNIFICARIA "MANOBRISTA DE DISCO".

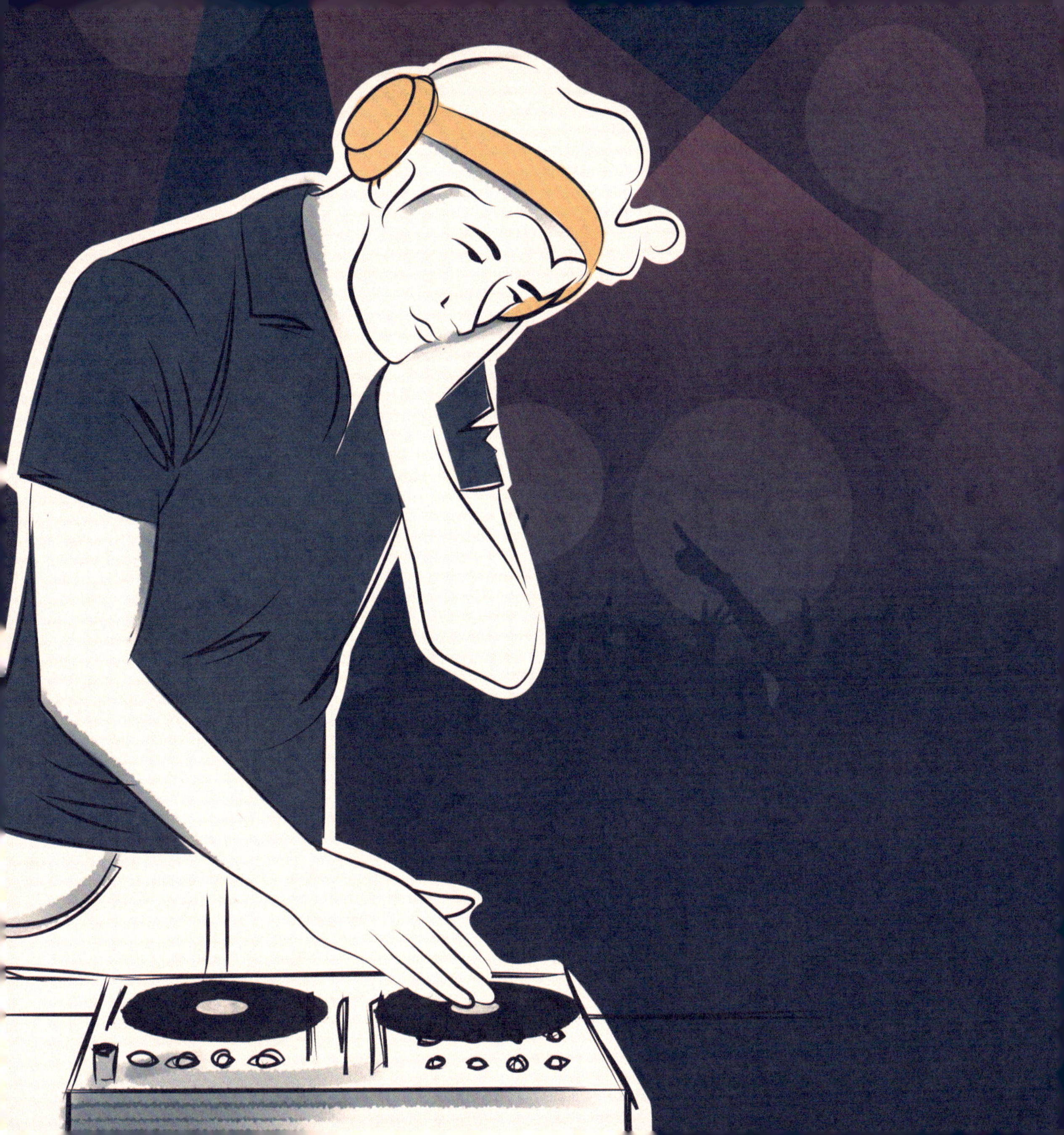

CONSULTORA DE IMAGEM

Pense em algumas pessoas famosas. Elas têm perfis diferentes, você notou? Existe aquele ator que é visto como um ótimo marido, há aquele que faz a linha "paizão" e, ao mesmo tempo, sedutor... Os perfis são variados: pessoas que passam uma imagem mais inocente, ou de criadora de tendências, ou de bem-sucedida nos negócios, ou de inteligência, etc. O **consultor de imagem** auxilia no processo de conceituação geral do evento, orientando o cliente sobre o público mais indicado para fazer parte dele, ou seja, qual o perfil mais adequado dos convidados. Da mesma maneira, ele tem a liberdade de falar para o cliente que convidar pessoas de determinado perfil não é bom para o objetivo do evento.

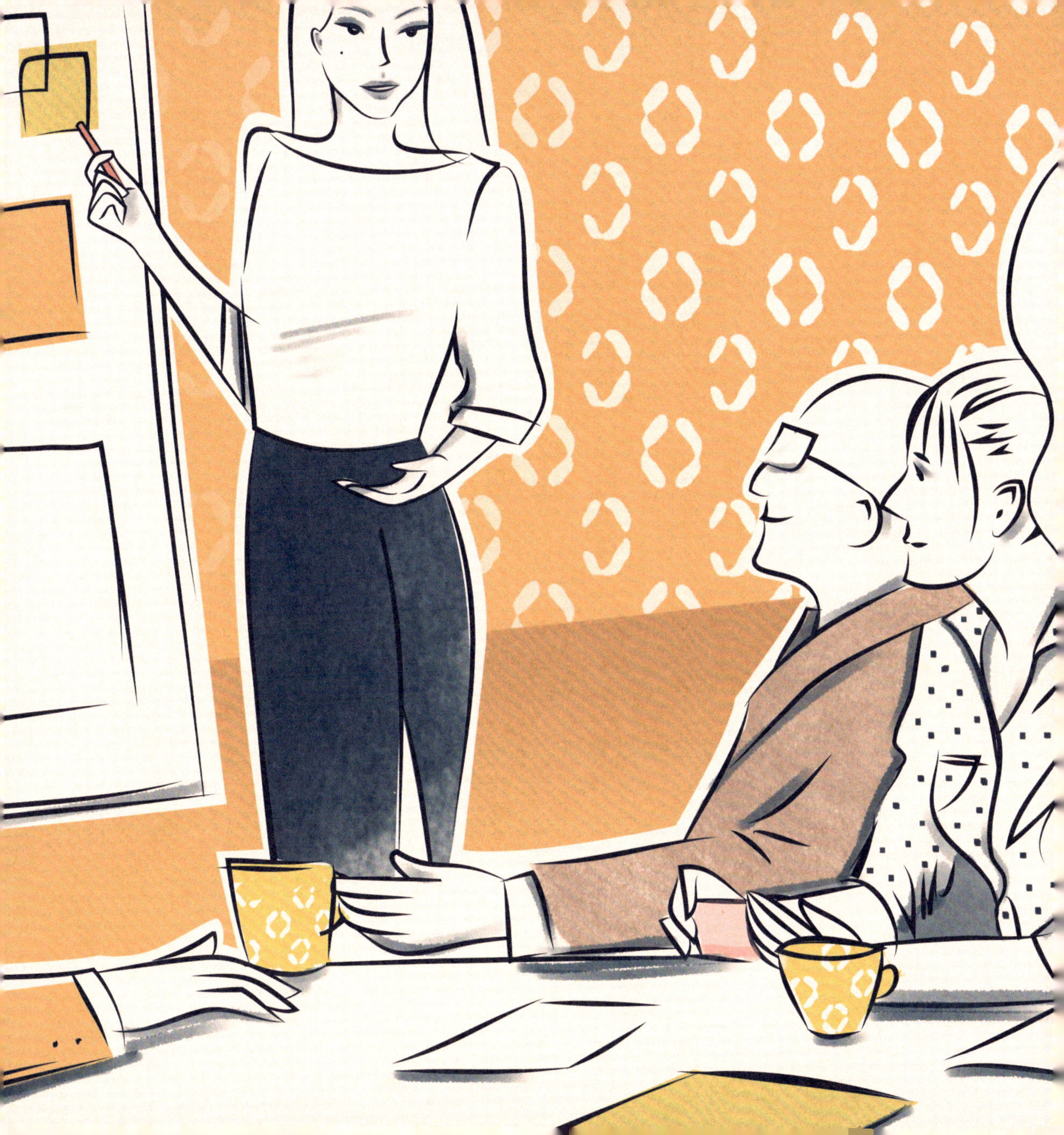

PROMOTER

O **promoter** (pronuncia-se "promouter"), como já diz esse nome em inglês, tem a função de promover a festa. Neste evento, Fábio Cavalcanti e Fernanda Ricci estão encarregados de elaborar uma lista de convidados de acordo com o perfil e o objetivo do evento, de modo a aumentar o seu sucesso. Essa lista é, então, passada para o cliente para que a aprove. A partir da aprovação, os convites são enviados. Isso pode ser feito pelos próprios *promoters* ou pela empresa organizadora. Mas vale ressaltar que o foco dos *promoters* é a elaboração da lista de convidados, e não o envio do convite.

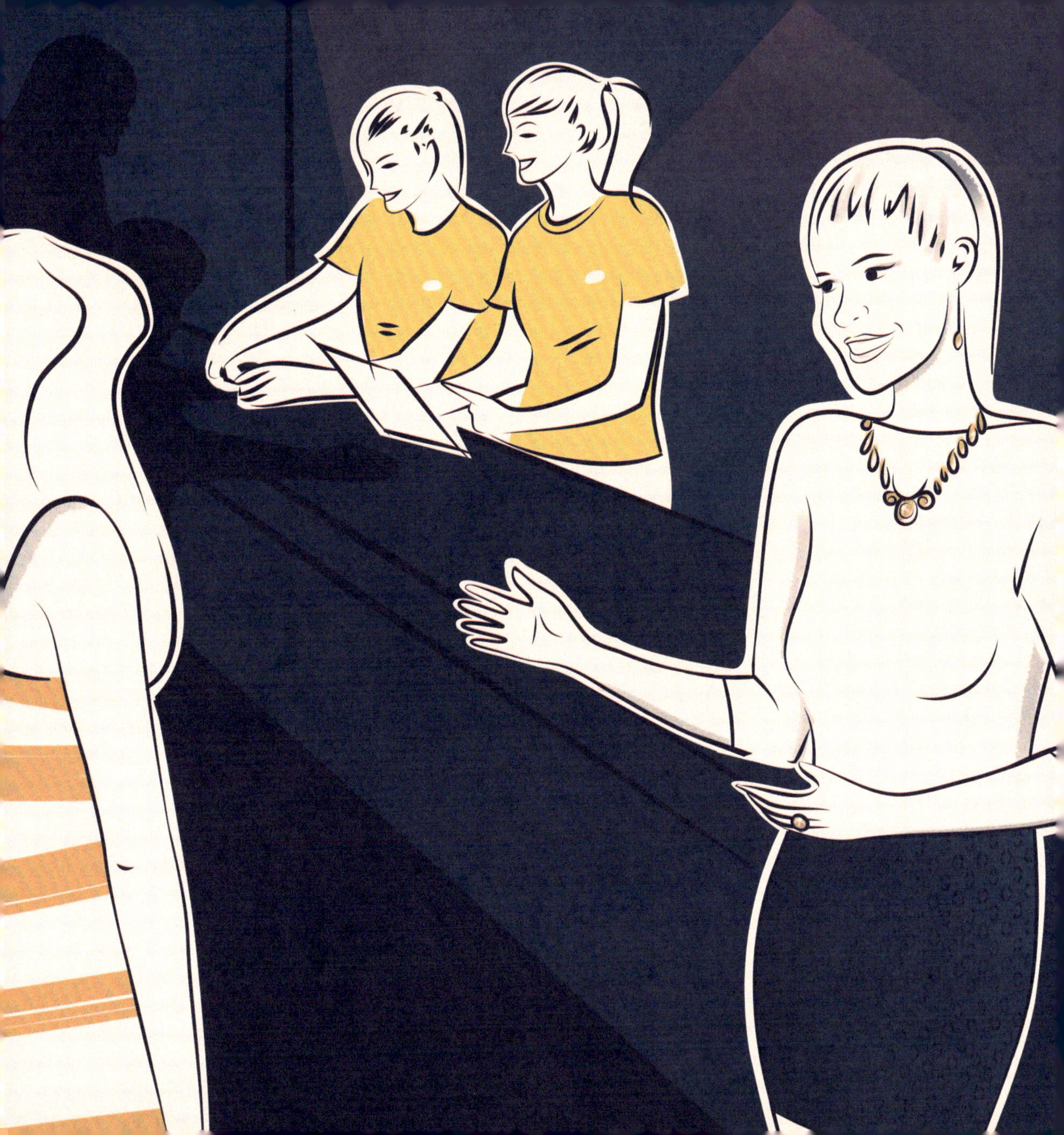

ASSESSORIA DE IMPRENSA

A **assessoria de imprensa** faz o "meio de campo" com os veículos de comunicação, trabalhando para que o evento seja divulgado por internet, TV, jornais, revistas, rádios. É também responsável por atender aos jornalistas no dia do evento.

RP

O profissional de relações púbicas, ou **RP**, é o encarregado de potencializar os contatos entre os convidados da imprensa e os convidados do *promoter*. Ele também faz a aproximação entre o cliente e as pessoas importantes para perfil do evento. Neste exemplo, a RP Sofia Lobos certamente trabalhará para que sejam tiradas fotos de alguém da empresa do perfume Duos com as celebridades contratadas (Laura Rios, Cauê Lima, Mariana Motta e Rafael Vasconcellos). Em resumo, podemos dizer que o RP é um especialista em "costurar" contatos.

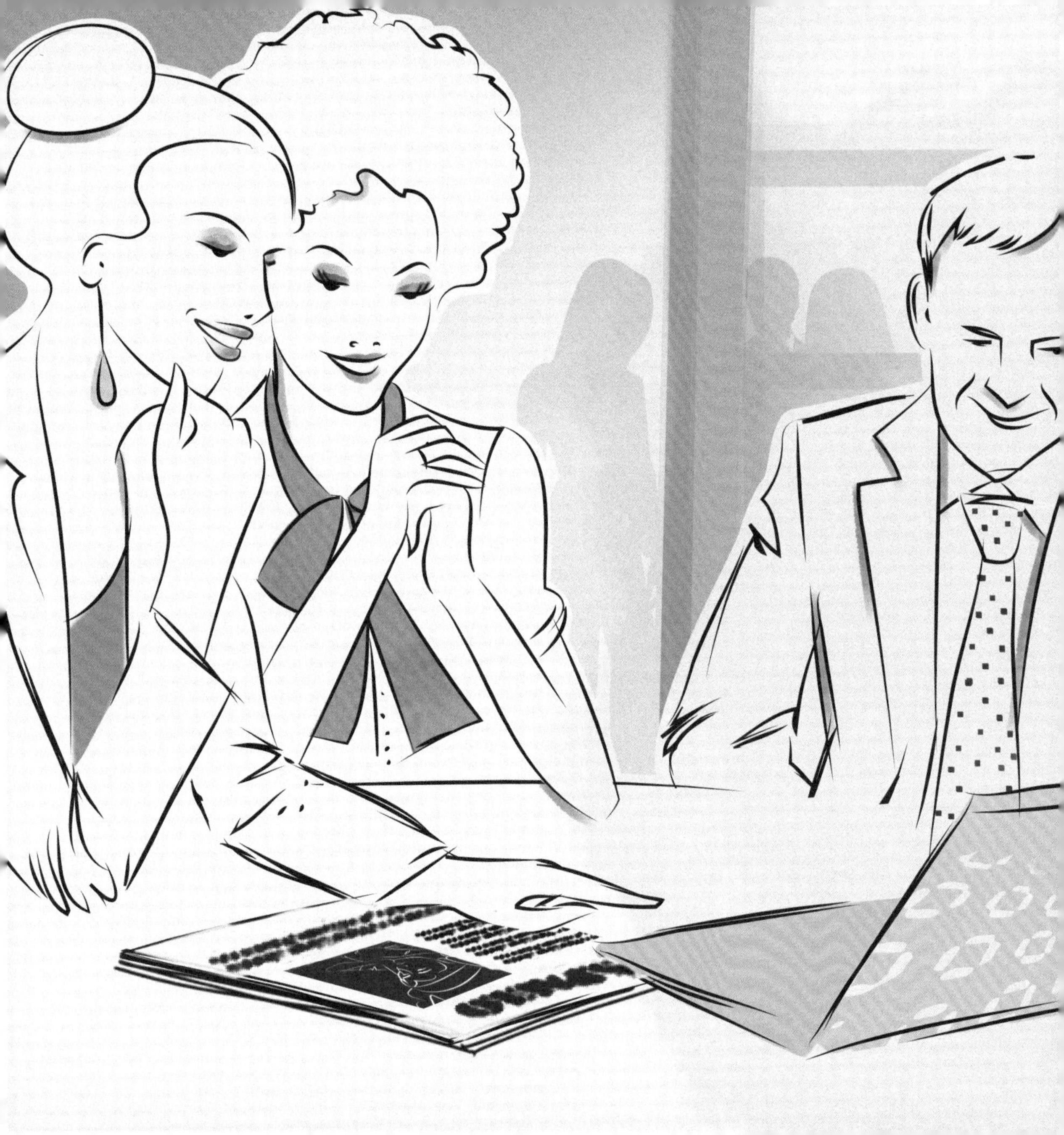

Vamos ao evento. Por conta do perfil do produto e do público, foi definido que será um *sunset*. Essa palavra inglesa significa pôr do sol e, em nosso mercado, quer dizer um evento mais despojado, que ocorre na parte da tarde, para o qual as pessoas se vestem de uma maneira mais informal.

O local escolhido, o Nacional Clube, é uma casa antiga, de arquitetura sofisticada e com elementos de requinte como um lustre de cristal. Essas características, aliadas à cenografia a ser contratada, criarão a atmosfera pretendida.

As atrações são dois pares de celebridades. Dois homens e duas mulheres. Todos jovens atores de sucesso. O perfil deles se alinha com o do público que o perfume quer atingir.

O DJ é famoso, o que reforça o caráter de sofisticação. Ou seja, não estamos falando aqui apenas um som ambiente; estamos falando de um som "com assinatura".

A PRONÚNCIA É "SÂNSET".

NA VÉSPERA

No dia anterior, *check-list* em mãos, você fez a checagem de todo o operacional. É o processo que foi descrito no capítulo 3:

* Os convites foram todos enviados? Será necessário reforço de convites? Confira essa informação pelo relatório da empresa que fez a entrega dos convites. Consulte também o RSVP dos *promoters* Fábio Cavalcanti e Fernanda Ricci. Importante: resista à tentação de convidar amigos para a festa. O evento é do cliente, e não seu.
* Todas as passagens áreas foram enviadas para os agentes das celebridades?
* Todos os demais serviços da celebridade estão confirmados? (Por exemplo: motorista, hotel, alimentação, *make*, *hair*, roupa).

O REFORÇO É FEITO PELOS PRÓPRIOS *PROMOTERS*, QUE TELEFONAM OU ENVIAM MENSAGENS DE *E-MAIL* PARA OS CONVIDADOS CONSIDERADOS MAIS IMPORTANTES PARA O SUCESSO DO EVENTO.

MAKE (PRONUNCIA-SE "MEIQUE") QUER DIZER MAQUIAGEM; *HAIR* (PRONUNCIADO COMO "RÉR") SIGNIFICA CABELO. NA ÁREA DE EVENTOS — E TAMBÉM NA DE MODA —, OS SERVIÇOS DE MAQUIADORA E DE CABELEIREIRO SÃO MUITAS VEZES CHAMADOS ASSIM, EM INGLÊS.

NO DIA

Bom dia!

Vale repetir: acorde de bom humor! Disposição é fundamental para seu trabalho, principalmente no dia de sua realização.

Na festa de lançamento do Duos, além de você, estarão trabalhando outros dois produtores contratados pela organizadora. E, além de vocês três, existem os representantes dos fornecedores. Como foi dito anteriormente, eles são como produtores também; são seus pares de trabalho, com quem você lidará diretamente.

Entre vocês três, da empresa organizadora, o trabalho ficou dividido da seguinte forma:

* um produtor fica encarregado da cenografia e do *staff* (o que inclui o receptivo). Duas tarefas, porque em tese elas não vão se sobrepor muito: quando você tiver de prestar mais atenção ao *staff*, a montagem da cenografia já estará concluída.
* um produtor supervisiona A&B. Aqui, uma tarefa só, já que alimentos e bebidas é sempre uma área sensível, que exige muito cuidado.
* um produtor acompanha o aparato de som e de iluminação. Duas tarefas, porque, como não haverá *show* ao vivo e o aparato de som é mais simples. Além disso, é um assunto ligado à iluminação.

Mesmo com essa divisão, lembre sempre que vocês são uma equipe. Portanto, ainda que você esteja encarregado de acompanhar A&B, saiba que nunca é demais carregar uma caixa para ajudar na cenografia, por exemplo. Ou, se notar que a luz não ficou boa como deveria, você pode dar alguma sugestão. Um bom produtor prima pela agilização de todo o processo, contribuindo para a harmonia no evento.

PROBLEMA 1: A MONTAGEM VAI COMEÇAR DEPOIS DO PREVISTO

Ao chegar ao Nacional Clube, você descobriu que a desmontagem do evento anterior vai atrasar duas horas, impactando a montagem do seu. Por contrato, você tem o direito de iniciar a montagem do seu evento em determinada hora; então o que costuma acontecer em situações como essa é o organizador do evento anterior e a pessoa do espaço ajudarem você nos seus preparativos iniciais. Mas, mesmo que o auxílio da outra empresa esteja assegurado, esta é uma típica situação que precisa ser levada ao conhecimento do produtor geral que, por sua vez, vai deixar o atendimento ciente da situação. Enquanto isso, você, produtor, vai checar a agenda de todos os fornecedores envolvidos, para reagendar a chegada deles. Tenha em mente que você tem de ser um facilitador de processos e se destacará, em seu trabalho, sendo proativo. Pode acontecer de ter de voltar para a empresa organizadora, de modo a dar suporte ao colega do atendimento.

PROBLEMA 2: DUAS DAS CELEBRIDADES CONTRATADAS ESTÃO COM PROBLEMAS

O atendimento foi informado pelo agente de Laura Rios que a atriz não poderá comparecer ao evento. Motivo: gravação externa agendada pela emissora em que ela trabalha.

Em situações como essa, o mais comum é acontecer a contratação de outra celebridade que tenha um perfil semelhante ao da que não pôde comparecer. O agente, conhecedor da área, já tem essa outra pessoa em mente. Como produtor, você deve ajudar

> AQUI VALE A PENA VOCÊ SABER DA "CLÁUSULA MÃE". ELA É COMUM NOS CONTRATOS COM CELEBRIDADES DA MÍDIA E PREVÊ QUE O VEÍCULO DE COMUNICAÇÃO EM QUE A PESSOA TRABALHA TEM PRECEDÊNCIA SOBRE QUALQUER OUTRO TRABALHO. O CONTRATO PARA A PRESENÇA NO EVENTO PODE TER SIDO FEITO COM ANTECEDÊNCIA E ESTAR ASSINADO, MAS, SE EMISSORA ESCALAR A CELEBRIDADE JUSTAMENTE PARA AQUELE DIA, A PRESENÇA NO EVENTO SERÁ CANCELADA, SEM MULTA OU QUALQUER OUTRO TIPO DE PENALIDADE.

o atendimento no trabalho de cancelar/alterar passagens aéreas e reservas de hotéis e adequar os fornecedores às exigências da nova contratada. Isso é muito comum.

O atendimento também ficou sabendo, pelo agente de Rafael Vasconcellos, que o ator perdeu o voo e ainda não está na cidade. O atendimento faz contato com o cliente para posicioná-lo da situação. A solução "costurada" pelo atendimento, conversando com o agente do ator, é a de que Rafael virá direto de sua cidade, sem passar pelo hotel. Mesmo assim, vai chegar ao evento meia hora depois do previsto. O produtor geral será informado dessa nova situação pelo atendimento e repassará a informação aos produtores, porque a chegada em cima da hora do Rafael causará alguns impactos: ele terá de entrar sem ser visto, se arrumar no camarim e, então, "chegar novamente" ao evento — desta vez, devidamente fotografado pelos veículos de comunicação presentes.

PROBLEMA 3: O PAINEL NÃO PASSOU PELA PORTA

Este painel é o *backdrop* — que, como você sabe, traz impressa a logomarca do produto. Ele serve de fundo para fotos, discursos, momentos importantes do evento. Esses painéis podem ser de grandes proporções, e este, do perfume Duos, até passou pela porta de entrada, mas não foi possível levá-lo até o ambiente inicialmente planejado. Essa ocorrência é uma falha de organização do evento, pois, no momento da contratação do Nacional Clube, deveria ter sido feita a medição de todos os acessos do espaço.

Se você é o produtor escalado para acompanhar a cenografia, o problema do painel acabou estourando em sua mão. É preciso informar o produtor geral ou mesmo o atendimento, que falará com o cliente sobre uma possível solução: posicionar o painel em um ambiente diferente do imaginado.

TEMPOS E MOVIMENTOS

14 horas — Passagem geral do evento, conduzida pelo produtor geral e com a presença de todos os produtores, além do atendimento e do cliente. Nesta etapa são repassadas as possíveis alterações solicitadas pelo cliente final e outras modificações que possam ter havido — no caso deste evento, houve a mudança no horário de chegada do ator Rafael Vasconcellos.

Se você está cuidando do *rider*, atenção especial à passagem de som, porque neste evento haverá *speech* do presidente da fabricante do perfume Duos.

> PRONUNCIA-SE "SPIT" E QUER DIZER "DISCURSO". É MAIS UMA PALAVRA EM INGLÊS MUITO USADA NA ÁREA DE EVENTOS.

Se você está encarregado da cenografia, verifique se está tudo limpo e seguro, se não há nenhum objeto atrapalhando a passagem, etc.

15 horas — O produtor geral solicita ao bombeiro de plantão que verifique se está tudo certo em relação à segurança: por exemplo, se nenhum mobiliário ou objeto está ameaçado de cair ou se incendiar; se acessos e saídas estão livres, etc.

15h30 — O produtor encarregado do *staff* nesta hora verifica se todas as recepcionistas — internas e externas — já estão posicionadas, com roupas limpas. O serviço de manobrista também deve estar a postos, pois pode acontecer de alguns convidados chegarem antes. E também é preciso receber os profissionais da imprensa, que neste caso serão mais numerosos por conta da presença dos dois casais de atores. Como este evento é do tipo que atrai muita mídia, na etapa de planejamento com o cliente (lembra-se dela, explicada no capítulo 2?) foram definidos quais os veículos de comunicação teriam acesso, quais não deveriam entrar, quais teriam restrições. Essas restrições basicamente significam que um veículo pode ter acesso apenas a determinados ambientes do espaço de eventos. Os acessos são controlados por meio das pulseirinhas coloridas (coloque seguranças a postos nos locais em que há a verificação das pulseiras). Vale lembrar que esse atendimento aos jornalistas é feito pela assessoria de imprensa.

16 horas DJ está a postos? Música pronta? A&B circulando? Retira em atividade? Receptivo na porta? Seguranças nos locais estratégicos? Limpeza dos ambientes funcionando?

16h30 Se você é o produtor responsável pelo receptivo, é hora de telefonar para os agentes das celebridades para acertar os detalhes da chegada delas. Pelo contrato, elas ficarão duas horas no evento, com entrada prevista para as 18 horas. Por isso é recomendável fazer o acerto com os agentes uma hora e meia antes.

17 horas Chegada do cliente, que neste caso está representado pelas figuras do presidente e do diretor de marketing da fabricante do perfume Duos. O produtor geral e o atendimento mostram o ambiente a eles, fazendo um breve repasse da programação, informando, por exemplo, o que deverá acontecer, quais os locais em que eles vão ficar, etc. Como produtor, fique atento neste momento. Você poderá ser apresentado ao cliente, para estar a postos para alguma solicitação.

18 horas Era o horário previsto para a chegada das celebridades, mas, por conta do atraso do Rafael Vasconcellos, essa entrada foi remanejada para as 18h30. É melhor que todos passem a fazer parte do evento no mesmo momento em vez de haver três celebridades e, depois, surgir um "retardatário".

18h30 Chegada das celebridades — Laura Rios, Cauê Lima, Mariana Motta e Rafael Vasconcellos. Após a entrada deles, ocorre o direcionamento conforme o planejamento: fotos perto do perfume Duos e com o cliente (o presidente da empresa fabricante do perfume e o diretor de marketing). Caso os envolvidos na organização do evento — por exemplo, o diretor da empresa organizadora, os *promoters*, a RP — sejam figuras conhecidas, pode acontecer de também serem fotografados. Mas o foco é sempre o cliente e o produto.

19 horas Discurso. O cliente é o grande anfitrião do evento. Assim, em seu discurso, o presidente da fabricante do Duos agradece a presença de todos e fala brevemente sobre o perfume. Se você é o produtor que está responsável pela parte de som, fique atento, porque este é o momento de pedir para o DJ baixar a música e de ligar os microfones, a fim de que todos ouçam a fala do anfitrião. A luz também deve estar adequada para o momento.

Também às 19 horas pode haver uma troca da equipe, para que haja uma espécie de rodízio. Por exemplo, as moças que estão na recepção mudam de postos, assumindo a área de demonstração. Dessa forma, é possível que a equipe coma e faça pequenos descansos. Se você é o produtor de *staff*, controle bem toda essa dinâmica.

① 19h20 Brinde oficial, erguido pelo anfitrião e pelas celebridades. É um momento importante. Se você está encarregado de A&B, verifique se as taças estão cheias, se a bebida está gelada. O DJ volta com uma música mais agitada, e a festa acontece, com as personalidades posando para fotos.

Em eventos como este, há uma área de demonstração, para que os presentes possam experimentar o perfume Duos.

① 19h30 Novo rodízio na equipe, para que o pessoal possa ter pequenos descansos e se alimente. Lembrando que a equipe só pode se alimentar no *backstage*. Beber álcool, nunca. Você está trabalhando, e não como convidado. Se não resiste a pedir uma foto com alguma das celebridades presentes, que isso seja feito nos bastidores — nunca na área da festa.

PRONUNCIA-SE "BÉ-QUISTEIGE" E QUER DIZER BASTIDORES.

① 20 horas O evento entra em sua hora final, então o receptivo já precisa estar preparado para entregar os brindes para os convidados — neste caso, o brinde provavelmente é o próprio perfume Duos. O serviço de manobrista também deve estar a postos. Como produtor, verifique se está tudo em seu devido lugar, se os brindes estão preparados. O *manuseio* desses presentinhos aconteceu na fase de montagem; agora eles estão prontos para serem entregues.

Acompanhe a saída das celebridades, que, pelo contrato, deixariam o evento às 20 horas. Mas pode acontecer de alguma querer ficar na festa — e, em casos assim, a permanência da celebridade será conversada entre o agente e a assessoria de imprensa do evento. Como produtor, você será informado da mudança para readequar as necessidades diante do novo cenário — por exemplo, reagendar o motorista, alterar os horários, etc.

NORMALMENTE, AO OUVIR ALGUÉM FALAR QUE UM BRINDE FOI MANUSEADO, ISSO NOS FARIA PENSAR QUE ELE FOI USADO, QUE NÃO É MAIS NOVO. MAS, NA ÁREA DE EVENTOS, O TERMO MANUSEAR TEM UM SIGNIFICADO UM POUCO DIFERENTE. ELE QUER DIZER AJEITAR O BRINDE PARA SER ENTREGUE — POR EXEMPLO, COLOCANDO UM PRODUTO EM UMA EMBALAGEM ESPECIAL, APLICANDO ALGUMA ETIQUETA, ETC.

① 20h30 Todos os produtores passam a trabalhar para que os serviços sejam reduzidos: menos comida é servida,

MAS PODE ACONTECER DE NÃO PERCEBEREM. NESTE CASO, A SAÍDA É ACENDER AS LUZES GERAIS. O EFEITO É IMEDIATO: AO NOTAREM QUE A ILUMINAÇÃO DA FESTA FOI SUBSTITUÍDA POR UMA LUZ "NORMAL", OS CONVIDADOS SAEM SEM DEMORA! MAS ESSA MEDIDA DRÁSTICA É SEMPRE COMBINADA COM O CLIENTE, PORQUE ÀS VEZES OCORRE DE ELE ESTAR FELIZ COM O RESULTADO E NÃO QUERER QUE A FESTA ACABE, ACERTANDO COM O ATENDIMENTO O CUSTO EXTRA. SE ESSA PRORROGAÇÃO ACONTECER, TODOS OS FORNECEDORES TERÃO DE SER AVISADOS: AFINAL SERÁ NECESSÁRIO MANTER A&B, MÚSICA, ETC.

menos bandejas com bebidas alcoólicas passam pelo salão. É a "senha" para os convidados *perceberem* que o evento está chegando ao fim.

① 21 horas O evento termina para os convidados, mas não para você, que vai auxiliar na desmontagem. Serão aproximadamente de três a quatro horas nesse trabalho. Antes da desmontagem, porém, deve-se fazer uma *verificação geral* em todas as "áreas", com o intuito de apurar se houve danos ou avarias em móveis, pratos, taças, etc.

CADA FORNECEDOR VAI ENVIAR, NO DIA SEGUINTE, UM RELATÓRIO PARA O ATENDIMENTO DA EMPRESA ORGANIZADORA CONSOLIDANDO INFORMAÇÕES SOBRE DANOS E PERDAS QUE PODEM TER OCORRIDO. MESMO ASSIM, É PRECISO FAZER ESTA PRÉ-VERIFICAÇÃO AO FINAL DO EVENTO.

Evento 2

FESTA DE FIM DE ANO.

Nome: Confraternização 2014.

Perfil: Comemoração dos resultados alcançados pelos funcionários da PBW Participações.

Público-alvo: Todos os funcionários da empresa.

Data: 21/11/2014 (quinta-feira).

Locação: Espaço América.

Horário: Das 22h às 5h.

Quantidade de convidados: 2.000.

Atração: Patrícia Sangar.

DJ: João Pedro.

Coordenação geral: Departamentos de Marketing e de Recursos Humanos da PBW.

Responsáveis: Sandra Marques (diretora de MKT) e Rafael Lopes (diretor de RH).

Novidade neste evento: aqui, você foi promovido a produtor geral. É um trabalho de maior responsabilidade; você terá de fazer o meio de campo entre os produtores e o atendimento, e vice-versa.

Antes disso, vale refletir sobre algumas das diferenças deste *briefing* em relação ao lançamento do perfume Duos.

Este evento não tem *promoter*, assessoria de imprensa, RP e consultoria de imagem, porque é um acontecimento para um público interno — no caso, os funcionários da PBW. Justamente por se tratar de um evento corporativo, o cabeçalho traz os nomes dos representantes da empresa que são os responsáveis pelo evento. Esta confraternização — como acontece na maioria das vezes — tem a organização feita pelos departamentos de Marketing e de Recursos Humanos da PBW. O anfitrião será o presidente da PBW. Ele será a "cara" da empresa para os funcionários durante a festa.

NA VÉSPERA

A base operacional desta ocasião é diferente daquela do lançamento do perfume, porque este evento, com 2.000 participantes, é considerado de grande porte. Além de todo o processo básico de checagem realizado na empresa organizadora (descrito no capítulo 3), boa parte dos produtores está no local já na véspera. Isso porque um evento como este tem sua montagem no dia anterior, com foco principalmente na cenografia e no aparato de som — afinal, um *show* de pop-axé como o da Patrícia Sangar exige palco, iluminação, caixas de som, além do camarim da cantora, com o cumprimento das exigências que as celebridades costumam fazer.

No total, quinze produtores estão trabalhando:

* cinco na cenografia, comparando a montagem com o desenho do projeto (que é fornecido pela empresa de cenografia). Com base nesse desenho, os envolvidos controlam o trabalho, para que móveis, painéis, vasos e tudo o mais fique conforme planejado;
* cinco produtores em A&B;
* quatro com o *staff*.

PROBLEMA 1: O APARATO DE SOM NÃO VAI CHEGAR NO HORÁRIO COMBINADO

O produtor de cenografia que, na divisão do trabalho, está encarregado do aparato de som dá a notícia de que os equipamentos da cantora serão entregues com atraso. Como produtor geral, você deve imediatamente telefonar para o agente da Patrícia Sangar e confirmar com ele se o material chegará a tempo ou se será necessário alugar os equipamentos de um fornecedor, por precaução. Se o problema ganhar dimensões maiores, fale com o atendimento, afinal toda a contratação da artista, incluindo o equipamento, já foi pago.

PROBLEMA 2: O NÚMERO DE PARTICIPANTES FOI AMPLIADO PARA 2.500

Esta notícia veio do atendimento — que, como você sabe, é a pessoa que tem o contato direto com o cliente. Como produtor geral, você deve ligar para o fornecedor de A&B, a fim de que ele lhe informe quanto vai custar esse aumento em relação ao número de pessoas. Apresente o valor ao atendimento, que terá de aprová-lo com o cliente. Falar com o fornecedor de alimentos e bebidas é apenas o primeiro passo. Depois disso, você deve posicionar todos os demais fornecedores sobre o novo cenário, com o objetivo de que todos façam as adequações necessárias. Todo o custo será absorvido pelo cliente.

Geralmente, o produtor que trabalha na montagem na véspera de um evento deste porte ganha folga na manhã seguinte — a do dia do evento. Seja produtor "comum", seja produtor geral, folgando ou não na manhã do evento, o importante é guardar energia na noite anterior. Há muito trabalho pela frente.

VÁ PARA CASA, MAS NÃO DESLIGUE O CELULAR. ALGUM DE SEUS COLEGAS PODE PRECISAR DE AJUDA, E VOCÊ FAZ PARTE DE UM TIME.

NO DIA

Bom dia!

Este é um evento de grandes dimensões e, para operacionalizá-lo, é necessário fazer uma escala de trabalho entre os produtores — por isso, como você viu, quem trabalhou até tarde no dia anterior chegará mais tarde hoje. Ao chegar ao local do evento, você, produtor geral, deve fazer uma verificação ampla para saber como está o andamento dos preparativos.

TEMPOS E MOVIMENTOS

① **15 horas** Essa seria a hora de, como produtor geral, você chegar ao evento. Mas chegue antes. Essa postura pode fazer você se destacar e ser lembrado para trabalhos futuros.

① **16 horas** Confirme com o produtor do aparato de som como será a passagem de som com a presença da cantora, programada para as 18 horas.
Cheque com um produtor de A&B se o serviço já está arrumado para o evento, se as bebidas estão sendo *geladas*.
Verifique a finalização da montagem do camarim e, sempre com o *check-list* em mãos, veja se a cenografia está de acordo com o planejado.
Confira se os produtores estão com uma cópia do comprovante de pagamento da taxa do Ecad (aquela relativa à trilha sonora), para o caso de o fiscal aparecer na festa.
Realize a já explicada reunião de "reconhecimento", na qual a equipe confirma quem está cuidando do quê e é reforçado o comprometimento de todos. Em um evento deste tamanho, esse momento pode acontecer com

BEBIDA FORA DA TEMPERATURA CORRETA NÃO DEIXA APENAS A FESTA "MORNA" — DEIXA, TAMBÉM, O CLIENTE DE CABEÇA QUENTE. ALIÁS, TEMOS FALADO DE CLIENTE NESTE LIVRO SEMPRE COMO O CONTRATANTE DO EVENTO. MAS VOCÊ DEVE TER EM MENTE QUE, NO FINAL DA HISTÓRIA, CLIENTE É TODO MUNDO QUE USUFRUIU DO EVENTO. NO CASO DO LANÇAMENTO DO PERFUME DUOS, CADA PESSOA QUE ESTEVE NA FESTA FOI UM CLIENTE. NA CONFRATERNIZAÇÃO DA PBW, OS CLIENTES SÃO AS 2.500 PESSOAS. EMBORA OS EXECUTIVOS "APAREÇAM MAIS", SERÃO OS FUNCIONÁRIOS QUE, NAS CONVERSAS SOBRE A FESTA, NO DIA SEGUINTE, DECRETARÃO SE ELA FOI BOA OU RUIM. OU SEJA, SE A EMPRESA ORGANIZADORA TRABALHA BEM OU TRABALHA MAL. A MISSÃO É, PORTANTO, GARANTIR UMA EXPERIÊNCIA MEMORÁVEL A TODOS QUE PARTICIPARAM DO EVENTO.

você no palco, falando para a equipe à sua frente, pelo microfone. Você é o líder que deve entusiasmar o time.

⏱ **17 horas** Vá ao camarim para checar se está tudo de acordo com o que a Patrícia Sangar exigiu. As listas de exigências de artistas podem ser extensas: água de coco, flores exóticas, toalhas, etc.

⏱ **17h30** A banda da Patrícia Sangar já chegou e faz uma passagem geral, sem a presença da cantora. Essa passagem geral é realizada para confirmar se o som está ok, se a iluminação está de acordo, se estão corretas todas as marcações, incluindo as da cantora (que são os lugares dela no palco).

NO *BRIEFING*, COMO VOCÊ VIU, ESTÁ O NOME DO DJ JOÃO PEDRO, MUITO CONHECIDO EM SUA ÁREA; MAS NA VERDADE O EVENTO TERÁ DOIS DESSES PROFISSIONAIS. O MENOS CONHECIDO FICARÁ ENCARREGADO DO SOM AMBIENTE DESDE O INÍCIO DA FESTA ATÉ O MOMENTO DO *SHOW*. O MAIS FAMOSO ASSUMIRÁ O COMANDO APÓS A APRESENTAÇÃO DA ARTISTA. TODOS — DJS E CANTORA — UTILIZARÃO O MESMO PALCO, E O BALCÃO DOS DJS ESTARÁ INSTALADO ALI. ISTO DEVE ESTAR BEM ALINHADO ENTRE OS PRODUTORES DA EQUIPE DA CANTORA E O PRODUTOR DE *RIDER* DO EVENTO. ESTE MOMENTO DE PASSAGEM GERAL TEM, PORTANTO, TAMBÉM O OBJETIVO DE FAZER O TESTE DE INSTALAÇÃO E DE RETIRADA DO BALCÃO DOS DJS, JÁ QUE, NA "HORA H", ESSE PROCESSO TERÁ DE SER MUITO ÁGIL, PARA A ENTRADA DA PATRÍCIA SANGAR, O COMEÇO DO *SHOW* E, DEPOIS DO TÉRMINO DA APRESENTAÇÃO, A VOLTA DO BALCÃO. NESSE MOMENTO DE TRANSIÇÃO, AS LUZES DO PALCO SERÃO BAIXADAS, PARA O DJ PRINCIPAL "ENTRAR COM TUDO", INICIANDO A SUA ATUAÇÃO EM GRANDE ESTILO.

18 horas — Passagem do som com a Patrícia Sangar presente. Como produtor geral, você será apresentado à cantora, mas nada de bancar o fã. Não peça para tirar fotos, até porque ela ainda não está produzida e arrumada.

19 horas — Solicite a todos os produtores que façam as ligações para os fornecedores das áreas sobre as quais estão responsáveis, a fim de saber se está tudo sob controle.

20h30 — Chame todos os produtores e peça que façam, novamente, um *check-list* de suas tarefas/responsabilidades.

EM UM EVENTO COMO ESTE, A COMUNICAÇÃO É FEITA VIA RÁDIO.

21 horas — Uma hora antes do início da festa, é o momento de a equipe se alimentar. Nesta, a empresa organizadora providenciou a alimentação do *staff*, que, como foi dito anteriormente, sempre acontece nos bastidores.

21h20 — Após a alimentação, os produtores trocam de roupa, colocando a do evento.

21h30 — Tudo tem de estar pronto: entrada, manobrista, ambulância, bombeiros, seguranças, eletricista de plantão, A&B. As recepcionistas precisam estar a postos e vestidas com a roupa do evento.

21h45 — Embora o horário informado no convite tenha sido 22 horas, às 21h45 a festa já está aberta e, provavelmente, já com convidados presentes. Por isso, verifique, com um produtor de A&B, se o serviço de bebidas e de petiscos já acontece adequadamente.

① 22 horas O DJ está tocando. Como dito anteriormente, esse profissional se encarregará do som até o *show* de Patrícia Sangar. Depois da apresentação da cantora, entrará em cena o DJ principal.

A partir das 22 horas, o evento começa a ficar realmente movimentado, com a chegada dos convidados. É o "volume": tudo acontecendo ao mesmo tempo. Você, produtor geral, está no rádio o tempo todo, fazendo o controle de qualidade.

① 23 horas Verifique com o produtor de *rider* se está tudo bem em relação aos preparativos da cantora. Patrícia Sangar não foi para o hotel depois da passagem do som e ficou descansando no camarim, então é preciso saber se tudo transcorre tranquilamente. A entrada no palco está prevista para a 1 hora da manhã.

① 23h15 Conforme previsto no planejamento do evento, é a hora de você, produtor geral, encaminhar o presidente da PBW ao palco, para o discurso de fim de ano. Reforce com o produtor de *rider* a necessidade de ficar de olho nas luzes e no microfone.

Em seu discurso, o presidente agradece a presença de todos, faz o balanço do ano que passou e, ao final, convida os presentes para o jantar, que será servido em seguida.

Logo depois do discurso, e antes de o presidente jantar, o produtor geral "faz a ponte" para que ele e mais algumas poucas pessoas conheçam Patrícia Sangar em seu camarim. É momento de tirar fotos, de combinar com a artista se ela dirá alguma mensagem específica durante a apresentação. Tudo é acompanhado pelo profissional de atendimento da empresa de eventos e pelo agente da cantora.

23h30 O jantar é servido. Após esse momento, as estações (mesas) com alimentos permanecerão montadas, mas em lugar de menos destaque, para quem quiser se servir mais tarde.

00h45 A banda de Patrícia Sangar se posiciona no palco, afinal o *show* começará em breve.

1h10 Você, produtor geral, vai buscar a cantora em seu camarim. Existem eventos nos quais a artista sobe ao palco na companhia do(a) executivo(a) da empresa anfitriã da festa. Neste evento, foi planejado que ela chegará sozinha, porque o anfitrião a chamará ao palco.

1h15 O produtor responsável pelo aparato de som toma as providências para que o presidente da PBW suba ao palco de modo a anunciar a grande atração. Discretamente, a equipe do evento faz a retirada do balcão do DJ, preparando o espaço para Patrícia

Sangar. O presidente da PBW mais uma vez se confraterniza com os presentes, afirmando que espera que eles tenham apreciado o jantar, que estejam se divertindo e que se divirtam ainda mais, com a estrela da noite. É a senha para Patrícia Sangar entrar, encantando o público. A presença dela era surpresa. Abre-se a pista, a iluminação acompanha a mudança de clima e a celebração começa de fato.

> EVENTO COM PROGRAMAÇÃO FECHADA, LEMBRA-SE? FALAMOS DISSO NOS CAPÍTULOS 1 E 2. É O EVENTO EM QUE SÓ O PESSOAL DE BASTIDORES SABE O QUE VAI ACONTECER. PARA PÚBLICO, É SURPRESA.

Durante o *show* pode acontecer de você, produtor geral, ser comunicado por algum produtor de que o cliente está solicitando determinada música, ou uma música além do previsto no programa, ou mesmo a redução do tempo do *show*. Durante a etapa de planejamento foi definido todo o perfil da apresentação, bem como se a cantora convidaria alguém da empresa para subir ao palco, se o *show* seria "padrão" ou com músicas específicas. Além disso, a visita ao camarim pouco antes do *show* serviu também para repassar alguns desses detalhes. Como produtor geral, você tem de administrar e acompanhar toda essa dinâmica.

Atenção aos tempos e movimentos no decorrer da apresentação. Pode estar prevista a distribuição de adereços para o público, além de outras atrações. Supervisione tudo.

Esse "tudo" inclui pedir atenção especial dos produtores aos convidados. Nesta altura da festa, a combinação de bebida com a alegria pelo fim de ano pode resultar em comportamentos inapropriados. Direcione mais seguranças para o ambiente do *show* e oriente os produtores para controlarem o serviço de A&B. Isso significa reduzir a quantidade álcool circulando — por exemplo, em vez de um garçom servir uma dose de 50 ml de bebida, ele serve 25 ml; em vez de encher uma taça com dois dedos de vinho, ele coloca apenas um; em vez de um copo de cerveja, meio copo.

Também é momento de prestar atenção redobrada ao serviço de limpeza. Os excessos podem terminar em convidados passando mal e com quebra de copos e de louças. Veja se ninguém da equipe, contagiado pela alegria do momento, esqueceu-se de que está trabalhando. Vale repetir: produtores nunca bebem durante um evento; alimentação, só nos bastidores. Produtores se comportando como convidados prejudicam não só a própria imagem profissional como também a da empresa organizadora do evento.

PODE ACONTECER DE O PRÓPRIO CLIENTE TER SE EXCEDIDO. NESSE CASO, CONVERSE COM O ATENDIMENTO (LEMBRANDO, NUM EVENTO DE GRANDE PORTE A COMUNICAÇÃO COSTUMA ACONTECER VIA RÁDIO). O COLEGA DO ATENDIMENTO ANALISARÁ A SITUAÇÃO E A MELHOR FORMA DE RESOLVÊ-LA.

2h45 Término do *show* de Patrícia Sangar. Após a cantora deixar o palco, quem assume o som do evento é o DJ João Pedro. Os produtores têm de ser ágeis e discretos para fazer a transição entre o fim da apresentação da artista e o começo da atuação do DJ, posicionando novamente o balcão no palco.

Você já reparou nas "fases" do som de uma festa? A música tem momentos mais lentos, mais movimentados, mais leves, mais intensos. Nada disso é por acaso. O som acompanha a programação/evolução do evento. No caso de um DJ que assume o som após um *show* movimentado como o deste evento, ele inicia seu trabalho "acalmando" um pouco o ambiente. Mas essa transição é muito sutil: as primeiras músicas pós-*show* são animadas, para que não se perca o "tom" da pista, mas as seguintes são mais controladas, de modo a estabelecer um clima menos intenso. Na reta final da festa, o som vai ficando cada vez mais tranquilo, contribuindo para que os convidados também diminuam o ritmo.

4h30 Finalizada a atuação do DJ João Pedro, a atenção se volta para a saída dos convidados. Atenção ao serviço de receptivo, para a entrega dos brindes.

O serviço de manobristas precisa estar funcionando a todo o vapor, assim como o serviço de táxi. Em festas de grande porte como esta, na etapa de organização, seus colegas da empresa de eventos telefonaram para pelo menos duas firmas de táxi, informando-as da confraternização da PBW, para que houvesse uma boa disponibilidade de carros para esta data, neste horário.

5 horas — As luzes de serviço são acesas. Se ainda há convidados, a mudança na luz é o aviso para que eles saibam que a festa chegou ao fim.

Para a produção, começa o trabalho de desmontagem e de pré-verificação de perdas, danos, refeições e bebidas servidas, brindes distribuídos, etc.

No caso dos produtores *freelancers* contratados para este evento, a missão está cumprida. O pagamento é depositado em conta, e esses profissionais, se trabalharam bem, em breve serão chamados para uma nova produção.

O produtor geral, por ter uma responsabilidade maior, deve voltar à empresa organizadora no dia útil seguinte. Como a festa da PBW aconteceu numa quinta-feira, retorne no início da tarde da sexta para auxiliar no fechamento dos relatórios do evento. Como produtor geral, você vai consolidar os dados que os fornecedores enviarão informando sobre possíveis avarias. Essa consolidação será repassada ao atendimento, que falará com o cliente, que por sua vez, como foi dito anteriormente, assumirá os custos oriundos de danos e quebras.

Uma postura que certamente faz diferença é conversar com o colega do atendimento para fazer um "balanço" de sua atuação como produtor geral. Algo poderia ter sido melhor? O que pode ser mudado ou aprimorado? Essa conversa pode ser o início do acerto de um novo trabalho — neste caso, após uma festa corporativa de fim ano, o que viria depois seriam eventos também de peso: os de Natal e, é claro, o Réveillon.

E, no ano seguinte, tudo recomeça, com cada vez mais eventos no seu currículo.

Evento 3

SEMINÁRIO.

Nome: XV Seminário Internacional Hoteleiro.
Perfil: Evento internacional, com palestrantes brasileiros e estrangeiros.
Público-alvo: Profissionais do mercado hoteleiro em nível gerencial e de diretoria.
Data: 17/04/2015 (sexta-feira).
Locação: Hotel Grand Metrópole.
Horário: Das 8h às 20h.
Quantidade de convidados e participantes: 500.
Coordenação geral: Coordenação do curso de hotelaria do Centro Universitário SNC.
Mestre de cerimônias: Antônio Casagrande.
Responsáveis: Maria de Lourdes Reis (coordenadora do curso de hotelaria).

Conhecemos dois eventos festivos — um deles com foco na produção geral. Agora, você está apto a saber mais de um evento essencialmente técnico, com outro ritmo e outras exigências.

O seminário irá ocupar vários espaços do Hotel Grand Metrópole: um auditório para 500 pessoas e cinco salas para até vinte pessoas. No auditório acontecerão as palestras; para salas menores estão programadas mesas-redondas. É um evento de médio porte.

Aqui, vale a pena destacar os nomes que estamos usando. Quando falamos em convidados, queremos nos referir aos palestrantes, às pessoas de destaque convidadas pela organização do evento. Quando falamos em participantes, queremos dizer as pessoas que se inscrevem no seminário para assistir às palestras ou estar presentes nas mesas-redondas conduzidas pelos convidados.

SEMINÁRIOS SÃO UM TÍPICO EVENTO COM PROGRAMAÇÃO ABERTA, PORQUE O INTERESSADO PRECISA SABER O QUE VAI ACONTECER. SABENDO DISSO, ELE FAZ A INSCRIÇÃO.

Em eventos como este, os participantes pagam para participar. Esse sistema é chamado, no mercado, de "evento por adesão". O foco é profissional; a participação serve para atualizar a pessoa sobre assuntos de seu interesse. As mesas-redondas, por acontecerem em espaços menores, têm número limitado de vagas, por isso o interessado geralmente faz a inscrição no momento em que oficializa sua participação. No dia do evento, o acesso às salas é controlado por uma pessoa do receptivo — ou seja, uma recepcionista —, que possui uma lista com os nomes dos inscritos.

A novidade em relação aos eventos anteriores é a figura do produtor de programação. A atuação desse profissional é intensa nesta fase de realização do evento, mas ainda mais intensa na fase anterior, a de organização.

Faço aqui uma pequena pausa para falar um pouco da etapa de organização de um evento técnico e científico como este, para você entender melhor o trabalho do produtor de programação.

A coordenadora do seminário, como você viu, é a Maria de Lourdes Reis, responsável pelo curso de hotelaria que está promovendo o seminário. Na fase de organização, ela tem a tarefa de contatar os palestrantes, afinal possui o conhecimento para isso; sabe quais são os nomes importantes do mercado que formariam um seminário interessante para público.

A coordenadora também auxilia na definição do modo como as atividades serão distribuídas ao longo do dia de evento. Essa definição leva em conta dois fatores principais: a importância do tema de uma palestra ou mesa-redonda e o próprio andamento do dia. Por exemplo, costuma-se evitar uma palestra mais "pesada" depois do almoço, afinal o público fica mais cansado.

Resumindo, a coordenação é encarregada pelo "conteúdo" do evento: pensa nos convidados e nos temas a serem discutidos. A empresa organizadora, com sua experiência, é a responsável pela "forma", no como fazer. As duas forças se complementam para que o seminário seja eficiente em seu propósito e agradável ao máximo para os participantes.

Acompanhando isto tudo estão os produtores de programação. Todo o trabalho da coordenadora relativo ao conteúdo do evento (palestrantes, temas, etc.) é compartilhado com os produtores de programação na fase de organização. Assim, a empresa de eventos consegue providenciar a infraestrutura adequada, porque é constantemente atualizada sobre:

- a quantidade e os nomes dos palestrantes;
- a quantidade e os nomes dos convidados para as mesas-redondas;
- a necessidade de tradução simultânea;
- a necessidade de algum equipamento específico para a apresentação de um palestrante ou convidado;
- a quantidade de inscritos, pois isso impacta diretamente no orçamento do evento e em A&B;
- os nomes dos inscritos, para elaborar as listas de acesso às salas.

Conhecido melhor esse trabalho de organização de um evento técnico e científico, vamos à sua realização, com você na função de produtor geral.

A **TRADUÇÃO SIMULTÂNEA** É FEITA SEMPRE POR UM PAR DE TRADUTORES QUE FICAM EM UM LOCAL PRÓXIMO DAQUELE ONDE ESTÁ ACONTECENDO A MESA-REDONDA, OU A PALESTRA, OU O *WORKSHOP,* ETC. ELES ATUAM JUNTOS PARA QUE UM DÊ SUPORTE AO OUTRO EM CASO DE NECESSIDADE, JÁ QUE É UMA ATIVIDADE CANSATIVA. O PARTICIPANTE QUE UTILIZA A TRADUÇÃO SIMULTÂNEA RECEBE DA RECEPCIONISTA UM APARELHO COM FONE DE OUVIDO E QUE TEM CANAIS PARA IDIOMAS DIFERENTES. ELE ESCOLHE O CANAL COM O IDIOMA DE QUE PRECISA, PARA ENTENDER A PALESTRA FEITA EM OUTRA LÍNGUA. NOTE, PORTANTO, TUDO O QUE ENVOLVE ESSE SERVIÇO EM UM EVENTO: ALÉM DO ALUGUEL E DA INSTALAÇÃO DOS EQUIPAMENTOS, EXISTE A CONTRATAÇÃO DE PROFISSIONAIS QUALIFICADOS E EM BOM NÚMERO, JÁ QUE SÃO DOIS TRADUTORES TRABALHANDO JUNTOS POR SALA E HÁ VÁRIAS SALAS COM PROGRAMAÇÃO O DIA TODO. ALÉM DISSO, OS TRADUTORES TÊM UMA CARGA HORÁRIA DE TRABALHO ESPECÍFICA.

NA VÉSPERA

Neste evento, estão trabalhando dez produtores:
* três na programação;
* três na cenografia (inclui a parte de infraestrutura de computadores);
* dois no *staff*;
* um em A&B.

O décimo é você, produtor geral.

Na véspera do seminário, você realiza, logo pela manhã, uma reunião com as presenças do atendimento, da coordenadora do evento, dos produtores de programação e do produtor de A&B. Também participam todas as recepcionistas que trabalharão no dia (ou seja, a empresa organizadora pagará duas diárias de trabalho a elas).

Faça um repasse de toda a programação.

As recepcionistas devem ser orientadas sobre as salas em que ficarão e as especificidades de alguma das atividades previstas. Em um evento técnico e científico, as recepcionistas exercem um papel de maior importância se comparado com o das duas festas mostradas antes. Em um seminário como este, elas precisam ser bilíngues — ou seja, falar outra língua além do português, para atender os estrangeiros. Além disso, elas devem ter a habilidade de ajudar nas palestras e nas mesas-redondas (por exemplo, no momento das perguntas dos participantes). Geralmente, há uma recepcionista à porta de cada sala e outra no espaço interno, para prestar o suporte necessário.

Com os produtores de programação, verifique as listas de convidados e de participantes: estão todos confirmados? Passagens

COMO DIZ O PRÓPRIO NOME EM INGLÊS, É A FRENTE, A CHEGADA. NO *FRONT* ACONTECE O CREDENCIAMENTO DO SEMINÁRIO. A MAIOR PARTE DOS PARTICIPANTES JÁ TERÁ RECEBIDO, EM CASA, SUAS CREDENCIAIS. O RECEPTIVO QUE FICA NO *FRONT* TEM A LISTA DE PARTICIPANTES E LIBERA O ACESSO PARA QUEM JÁ TEM A CREDENCIAL, FAZENDO O REGISTRO DA ENTRADA DA PESSOA. PARA QUEM SE INSCREVEU MAS AINDA NÃO RECEBEU O CRACHÁ, A RECEPCIONISTA PROVIDENCIA UMA CREDENCIAL. E HÁ TAMBÉM OS CASOS DE PESSOAS QUE AINDA NÃO SE INSCREVERAM E PRETENDEM PAGAR NA HORA. NESTA SITUAÇÃO, A RECEPCIONISTA PRECISA VERIFICAR COM O PRODUTOR DE PROGRAMAÇÃO SE AINDA HÁ VAGAS PARA O EVENTO. POR TUDO ISSO, NO *FRONT* EXISTEM DIVERSOS EQUIPAMENTOS: AQUELES ESPECÍFICOS PARA LIBERAR A ENTRADA (COMO LEITORES DE CÓDIGOS DE BARRAS, POR EXEMPLO), COMPUTADORES, IMPRESSORAS E, CLARO, CAIXA PARA RECEBER PAGAMENTOS.

aéreas, deslocamento e hospedagem de todos estão ok? Possíveis exigências de algum deles estão sob controle?

Também é feita a checagem das apresentações visuais que serão feitas. Geralmente, os palestrantes e convidados enviam essas apresentações com antecedência e elas ficam preparadas nos computadores do evento. Mas há casos de convidados que não aceitam esse sistema e vão ao seminário com seu próprio microcomputador. Essas situações precisam ser acompanhadas de perto pelos produtores de programação e de infraestrutura de computadores e de som.

Com os produtores de A&B, converse sobre a montagem da infraestrutura. Os alimentos e bebidas, em si, só chegarão no dia seguinte, às 5h30, já que o seminário começa às 8 horas.

Feito o repasse, os produtores de cenografia podem se concentrar no trabalho de montagem do seminário. Tudo precisa estar finalizado na véspera, já que o evento tem início logo pela manhã.

A montagem basicamente consiste em:

* instalação e arrumação do *front*;
* arrumação do auditório e das salas;
* aplicação das placas de sinalização, que informam aos convidados e participantes os locais das salas, etc.;
* instalação de equipamentos de infraestrutura, como computadores, impressoras e outros específicos para alguma apresentação.

Como produtor geral, além de controlar a atividade dos produtores de cenografia, você tem de ficar de olho para garantir que o trabalho esteja de acordo com as regras do espaço de eventos — no caso, o Hotel Grand Metrópole.

No período da tarde ocorre um ensaio com as presenças da coordenadora do evento, do mestre de cerimônias e mesmo de alguns dos palestrantes. Nesse ensaio, os envolvidos repassam os tempos e momentos da sala em que estarão. O produtor de programação precisa ter conhecimento total dessa dinâmica para poder considerar o tempo que será ocupado pelos convidados que não estão presentes nesse ensaio.

> PODE SER INTERESSANTE VOCÊ CONSULTAR A PÁGINA 52, NO CAPÍTULO 2, PARA LER NOVAMENTE O TRECHO SOBRE TEMPOS E MOMENTOS/TEMPOS E MOVIMENTOS, PORQUE ELES SÃO MUITO USADOS NESTE TIPO DE EVENTO.

PROBLEMA: O MESTRE DE CERIMÔNIAS NÃO VAI COMPARECER AO ENSAIO

Antônio Casagrande teve um imprevisto e não estará presente no ensaio. Mas, com ou sem mestre de cerimônias, ele precisa ser feito. Faça o ensaio com os produtores de programação, a coordenadora do evento e os palestrantes que estiverem disponíveis. Mas combine com o MC para que ele esteja no local às 6h30 da manhã seguinte, para vocês repassarem o evento. E ele já deverá estar com a vestimenta solicitada pela empresa de eventos.

NO DIA

Bom dia!

Bom dia MESMO. Se estivesse na roça, acordaria com o galo cantando, porque você, produtor geral, tem de estar no Hotel Grand Metrópole às 5 horas. Este evento, ao contrário das duas festas mostradas anteriormente, é mais trabalhoso nos preparativos do que no seu transcorrer. Por isso, acorde com aquela disposição!

TEMPOS E MOVIMENTOS

5h30 — Chegada dos demais produtores ao hotel, assim como das recepcionistas e dos demais integrantes da equipe, como os seguranças.

6h30 — Início do ensaio com o mestre de cerimônias que não pôde comparecer ontem. Participam a coordenadora do evento, os palestrantes, os convidados que estejam presentes e os produtores de programação. Neste ensaio, teste o som e repasse os tempos e momentos de cada sala.
Os produtores de programação também devem checar se as salas estão todas arrumadas de acordo.

7 horas — Todas as recepcionistas precisam estar a postos, devidamente arrumadas e maquiadas. Confira com os produtores de *staff* se os crachás estão prontos, assim como o material a ser entregue aos participantes (pasta, caneta, etc.).

7h30 — Verifique se o serviço de manobristas está pronto, afinal os participantes vão chegar daqui a pouco. Também faça uma checagem geral no auditório e nas salas, incluindo os espaços destinados à equipe de produção, à imprensa e aos palestrantes (os convidados deste tipo de evento costumam contar com uma sala para eles, como aquelas "salas de professores" das escolas).

7h40 — O serviço de A&B já deve estar preparado, porque às 8 horas, início do evento, acontecerá o café da manhã.

8 horas — Os participantes chegam e passam pelo credenciamento no *front*. As recepcionistas têm a lista de presença e, conforme dito anteriormente, preparam na hora a credencial daqueles que, mesmo tendo feito a inscrição, não receberam seu crachá em casa.
O café da manhã está servido na área comum a todos os participantes.

PROBLEMA: A IMPRESSORA DO *FRONT* PAROU DE FUNCIONAR

A impressora está lá para fazer o credenciamento, ou seja, para imprimir os crachás dos participantes que chegam mas não possuem credenciais. Se você foi previdente e levou etiquetas de papel, o problema está resolvido: as recepcionistas escreverão o nome do participante à caneta e colarão a etiqueta na credencial do evento.

NESTE TIPO DE EVENTO, NUNCA É DEMAIS LEVAR ALGUNS MATERIAIS DE ESCRITÓRIO, COMO CANETAS, CLIPES, ETC.

8h57 — Primeiro toque (são os toques para avisar os participantes de que as atividades vão começar).

8h58 — Segundo toque.

8h59 — Terceiro toque.

9 horas	Início das atividades previstas. Nas próximas duas horas acontecerão as palestras (no auditório) e as mesas-redondas (nas salas menores), com o receptivo prestando o auxílio necessário aos envolvidos. Os produtores de programação se dividem da seguinte forma: um fica no auditório e os outros dois circulam pelas salas, verificando se tudo transcorre normalmente.
11 horas	*Coffee break*. Como o próprio nome em inglês diz, é a pausa para o café — ou melhor, para um lanche da manhã. Serão 20 minutos de pausa.
11h21	Primeiro toque (são os toques para avisar os participantes de que devem retornar às salas).
11h22	Segundo toque.
11h23	Terceiro toque. Os participantes retornam para as salas e para o auditório, de acordo com as sessões em que se inscreveram. Haverá atividades até as 13 horas, quando acontecerá a pausa para o almoço.
12h30	Confirme, com o produtor de A&B, se está tudo sob controle para o almoço.
13 horas	Começa o serviço de almoço. Em eventos como este, as refeições costumam ser práticas, porque os

participantes se servem nas estações de alimentos e comem em pé. Por isso, geralmente é servida uma massa ou algo que possa ser saboreado com apenas um talher.

Verifique o andamento do trabalho dos produtores. Os de *staff*, por exemplo, precisam estar conduzindo o rodízio de tarefas entre as moças do receptivo. Isso porque existem atividades que são mais exigentes e cansativas do que outras, portanto o justo é garantir que haja um equilíbrio no trabalho desempenhado.

14h31 — Primeiro toque.

14h32 — Segundo toque.

14h33 — Terceiro toque.
Após a pausa de uma hora e meia para o almoço, os participantes retornam às suas salas.
Como produtor geral, você mantém o controle que vem sendo feito desde o início. Há um produtor de programação no auditório e outros dois circulando pelas salas.

16 horas — *Coffee break*. É o lanche da tarde. Assim como o da manhã, trata-se de uma pausa breve, de 20 minutos.

16h21 — Primeiro toque.

16h22 — Segundo toque.

⏱ **16h23** — Terceiro toque.
Os participantes voltam para as salas, para a última etapa das atividades previstas.

⏱ **17 horas** — Confira com o produtor de cenografia como está a montagem do balcão do DJ. Sim, DJ, porque às 18 horas, assim que as atividades terminarem, terá início o coquetel de encerramento do seminário. Esse coquetel geralmente dura três horas; é o momento em que os participantes fazem o *networking*. Diferentemente das festas anteriores, em que os DJs eram famosos, fazendo som "com assinatura", em eventos como este o som é mais "padrão", chamado de *lounge*. É aquela música discreta e suave, que tem a finalidade de tornar o ambiente mais agradável.

> ESSE TERMO, EM INGLÊS, SIGNIFICA FAZER A REDE DE CONTATOS. PRONUNCIA-SE "NÉTI UORQUIM".

> OUTRA PALAVRA EM INGLÊS. *LOUNGE*, QUE SE PRONUNCIA "LAUNDI", SIGNIFICA LUGAR DE DESCANSO.

⏱ **17h30** — Verifique com o produtor de A&B como estão os preparativos para o coquetel. Nada de álcool foi servido durante o seminário, mas no coquetel de encerramento, que tem um caráter mais festivo, costuma ser servido um espumante e cerveja, além dos quitutes.

⏱ **17h45** — Cheque, com os produtores de *staff*, como estão os preparativos para a entrega dos brindes do seminário (caso haja), assim como os de serviços de saída, como o de manobristas.

⏱ **18 horas** — Término da programação do evento. Alguns participantes vão embora em seguida, mas a maioria permanece para o coquetel. O receptivo todo vai para o *front*, para operacionalizar a saída dos que não quiserem ficar e entregar os brindes.

Com o fim das palestras e das mesas-redondas, os produtores de programação já podem ser dispensados. Os demais continuam, de modo a dar suporte à parte festiva do seminário.

Assim como nos outros dois eventos, neste aqui também é preciso fazer a pré-verificação de possíveis perdas e avarias. Como produtor geral, você vai consolidar esses dados na empresa organizadora, no próximo dia útil.

Novamente, converse com o atendimento, repassando se algo poderia ter sido melhor. Obter esse *feedback* dos colegas é fundamental para você aprimorar seu trabalho e se tornar um profissional completo.

A PRONÚNCIA É "FIDI BÉQUI". DAR UM **FEEDBACK** A ALGUÉM É DAR UM RETORNO SOBRE UM ASSUNTO.

5
Um breve passeio pelo mundo da etiqueta

O objetivo deste livro é que você seja um produtor de eventos que faça a coisa acontecer com qualidade, em um nível de excelência.

É isso que sempre comento em meu dia a dia: o que falta para o nosso mercado de trabalho é que todos os envolvidos não se contentem com o "mais ou menos", com o "vamos que vamos", com o "tá ruim mas tá bom". Temos de exigir um alto padrão de nós mesmos e cobrar esse mesmo padrão dos fornecedores com quem trabalhamos. No fim, todo mundo eleva o nível e o mercado se torna mais profissional; os eventos cumprem melhor o objetivo do cliente e proporcionam uma experiência mágica e única para o público.

Mas, para chegar à magia, existe uma etapa "pé no chão". Chegamos, aqui, à parte da etiqueta, das "regras": trajes, cardápios, arrumação de mesa... Aqui está reunido o básico que você deve conhecer. Não é preciso se assustar: você vai ver que essas regras fazem sentido e, muitas vezes, são uma forma de facilitar o trabalho de quem está em um evento.

A partir destas informações fundamentais apresentadas, você pode continuar aumentando seu conhecimento, visitando *sites*, comparecendo a feiras e a eventos abertos, lendo revistas e, principalmente, observando o seu dia a dia, aprendendo com a sua vivência.

O objetivo é cultivar um padrão de qualidade alto. Sabendo disso, na realização de um evento você vai conseguir verificar se o trabalho de um fornecedor está de acordo e fazer as correções necessárias. Ou seja, sendo um produtor realmente qualificado.

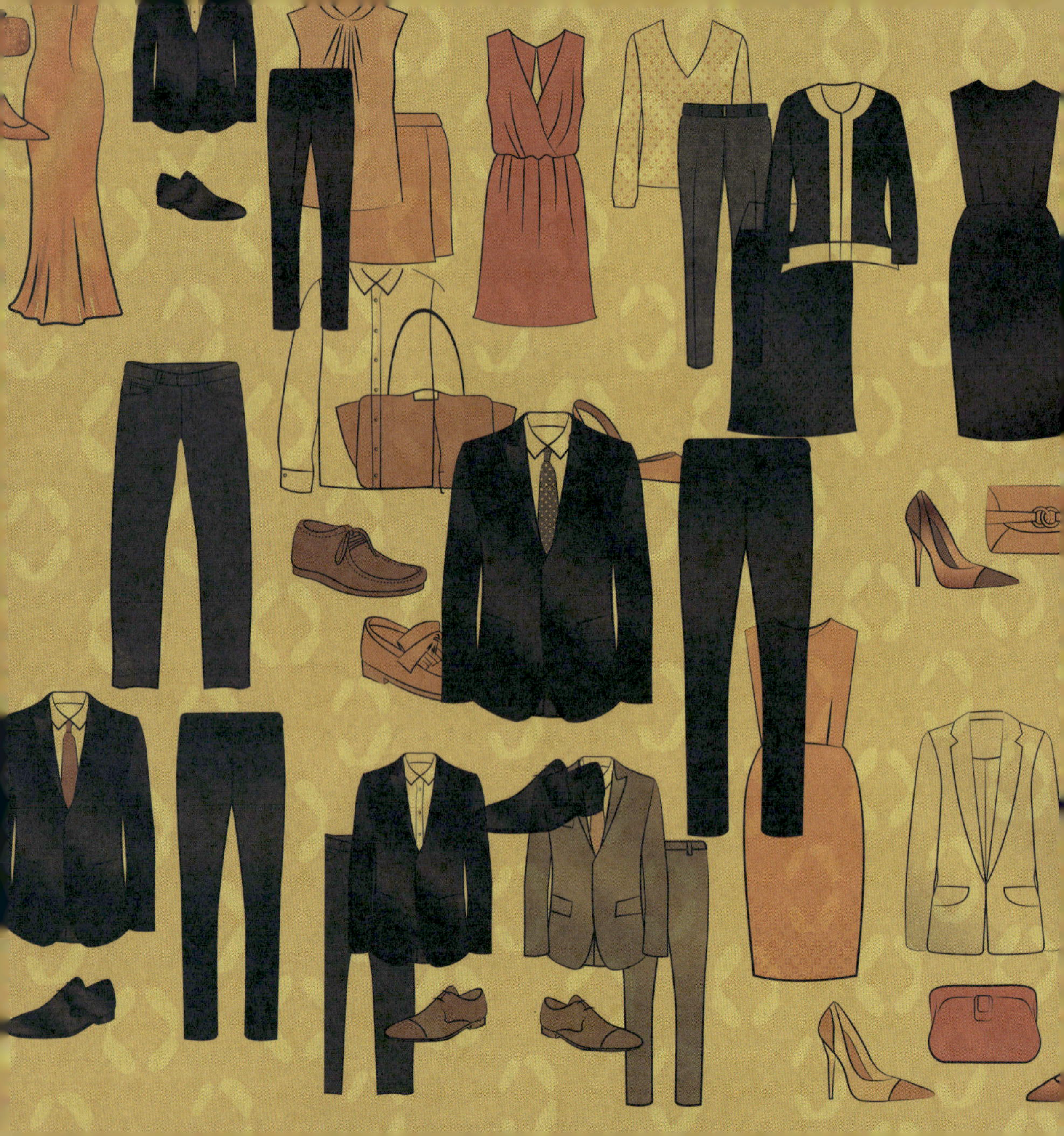

Tipos de traje

Antes de irmos para os tipos, vale a pena saber mais sobre *dress code*. Em inglês, essa expressão quer dizer código de vestimenta.

A PRONÚNCIA É "DRÉS COUD".

Muitas vezes, o *dress code* não é algo informado. Não precisa estar escrito em uma placa para ser percebido. Basta prestar atenção em um ambiente e nas pessoas que estão nele. Note, por exemplo, que cada empresa tem um código de vestimenta: em algumas, os funcionários se vestem de uma maneira mais descontraída; em outras, a diretoria exige roupas mais formais (por exemplo: terno para homens, terninho para as mulheres). Mas o *dress code* nem precisa ser exigência da chefia de um local. O modo de se vestir já é, de certa forma, esperado em alguém: por exemplo, cozinheiras de branco, afinal esperamos que quem lida com o preparo de alimentos seja uma pessoa limpa.

Embora no dia a dia o código de vestimenta não esteja "escrito", no mundo dos eventos é diferente. A maneira adequada de se vestir para uma ocasião costuma ser indicada no convite, com o objetivo de evitar que algum convidado compareça "fora do tom" e se sinta desconfortável com isso. É também uma maneira de "qualificar" o evento; afinal, em um que pede traje a rigor, você logo sabe que se trata de uma ocasião sofisticada.

Os tipos de traje costumam receber nomes diferentes entre os especialistas em etiqueta e em moda. Vamos, então, conhecê-los melhor.

TRAJE ESPORTE

Apesar do nome, não quer dizer a mulher usando moletom e o homem vestido como se fosse correr na praia. O traje esporte, também chamado de casual, é aquele para situações mais descontraídas.

* **Homens:** camisa discreta ou camisa polo com calça jeans; tênis, mocassim ou "sapatênis".

* **Mulheres:** calça comprida ou vestido; saia e blusa; sapato baixo; bolsa grande.

TRAJE PASSEIO

Este aqui é o famoso "esporte fino". Tem também um nome francês, *tenue de ville*. O traje passeio é solicitado em eventos um pouco mais elaborados — por exemplo, aquele almoço em que um traje esporte pareceria meio desarrumado, um casamento descontraído durante o dia, jantares informais. Este também seria o traje para os três eventos mostrados no capítulo 4: o lançamento do perfume Duos (que foi um sunset, à tarde), a festa da PBW e o seminário hoteleiro. Também seria um bom traje para uma entrevista de emprego.

PRONUNCIA-SE "TENÚ DEVÍ".

* **Homens:** se o evento for durante o dia, camisa e *blazer* sem gravata, ou terno claro com gravata, dependendo da situação. Se for noturno, terno e gravata. Nada de tênis: sapato sempre (mas não os claros à noite).

* **Mulheres:** vestido, terninho, blusa e calça em tecidos elegantes, mas sem brilhos e transparências; sapato de salto médio a alto; bolsa de tamanho médio (se o evento for durante o dia) ou menor (se for à noite).

TRAJE PASSEIO COMPLETO

Também é chamado de traje social, para as ocasiões mais chiques: jantares mais formais, coquetéis mais elaborados, casamentos.

* **Homens:** terno escuro, camisa social clara e lisa, gravata discreta e sapato de couro (de amarrar).

* **Mulheres:** vestido mais longo, *tailleur*, saia e blusa em tecidos mais sofisticados, como seda. Brilhos são permitidos. Sapato sempre de salto; bolsa pequena.

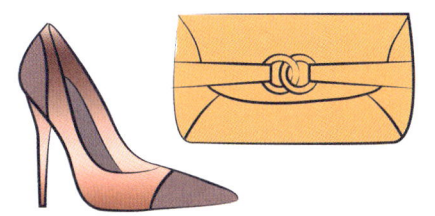

TRAJE A RIGOR

É conhecido como *black-tie*. Em inglês, essa expressão quer dizer "gravata preta", justamente porque a roupa que mais bem simboliza o *black-tie* é o *smoking* dos homens, e nele a gravata-borboleta é preta. O traje a rigor costuma ser solicitado em bailes de gala, casamentos, premiações, espetáculos artísticos de alto nível.

* **Mulheres:** vestido longo, de tecido fino. Bordados e brilhos. Salto alto, meia finíssima, bolsa muito pequena (tipo carteira).
* **Homens:** como já dito, o *smoking*, de gravata-borboleta preta.

A MANEIRA DE PRONUNCIAR É "BLÉQUI TAI".

O traje a rigor também é chamado de traje de gala, mas existe uma diferença entre eles. No traje de gala, a veste masculina pode ter gravata-borboleta branca. No caso das roupas das mulheres, não há diferença em relação ao traje a rigor: é a hora da sofisticação, do luxo.

Geralmente, quanto mais sofisticado e mais formal um evento, maior a importância do código de vestimenta. Em algumas festas — e até em restaurantes e casas noturnas —, quando a pessoa não está vestida de acordo, não entra. Se você é um produtor encarregado do *staff*, pode acontecer de o segurança na porta vir avisar de que existe um convidado reclamando que foi barrado na entrada por causa da roupa. Em situações assim, você deve ir até a porta e, com muita educação, explicar que infelizmente ele não está vestido de forma adequada para o evento e que não é possível a sua entrada. Se a pessoa insistir e se exaltar, como "Chama o dono da festa que eu quero falar com ele", por exemplo, leve o caso ao atendimento. Como o atendimento lida diretamente com o cliente, eles decidirão o que fazer.

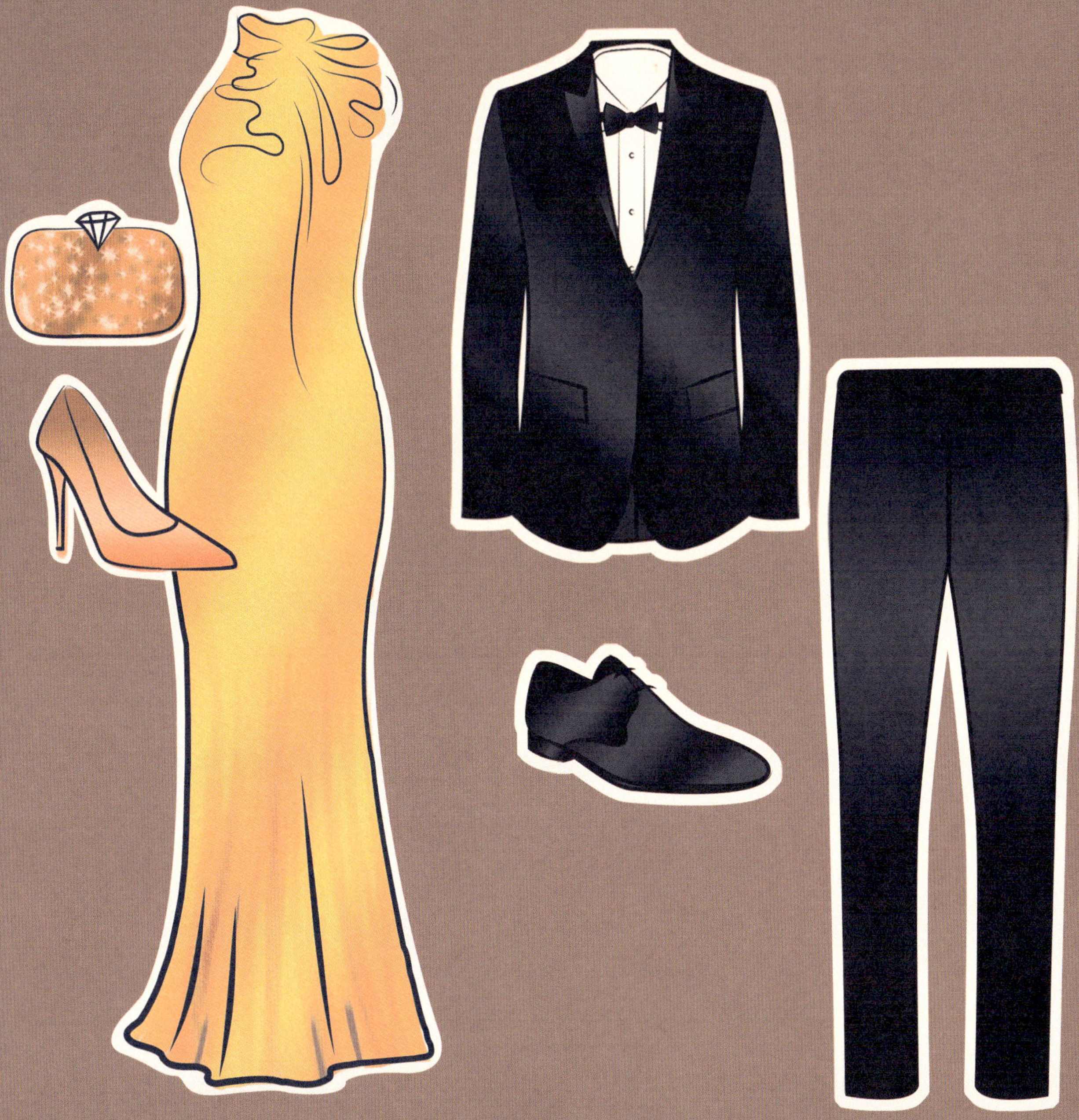

Serviços de mesa

Serviços de mesa são o modo como uma refeição é servida ao convidado, por isso esse conhecimento é importante quando você é o produtor encarregado de alimentos e bebidas (A&B).

Existem os serviços mais sofisticados e os mais simples. Vamos tratar de cinco tipos:

- serviço à francesa;
- serviço à inglesa;
- serviço empratado;
- serviço à americana;
- serviço volante.

SERVIÇO À FRANCESA

É o de maior requinte, utilizado em eventos extremamente sofisticados.

Justamente por conta dessa sofisticação, os lugares dos convidados costumam ser marcados. O modo de organizar as pessoas é chamado de *placement* ou plano de mesa. Cada pessoa se senta no lugar em que há uma plaquinha com seu nome.

> É UMA PALAVRA FRANCESA QUE SE PRONUNCIA COMO "PLACIMÃ".

As plaquinhas também são utilizadas nos desfiles de moda, para reservar os melhores lugares (na primeira fileira e na segunda) aos convidados VIP.

> É A SIGLA DE **VERY IMPORTANTE PERSON**, QUE EM INGLÊS QUER DIZER PESSOA MUITO IMPORTANTE.

O *placement* é definido pelo cliente com o atendimento. Como produtor, você precisa garantir que ele seja rigorosamente cumprido. Não caia na tentação de acomodar algum amigo em um lugar reservado para outra pessoa só porque ele lhe pediu para "quebrar esse galho". Siga o plano de mesa e, caso seja necessária alguma mudança ocasionada por um imprevisto, fale sempre antes com o atendimento.

O desenho mostra uma arrumação de mesa utilizada em uma refeição requintada. Essa arrumação dos pratos, talheres, copos, etc. também tem um nome em francês: *mise en place*.

AO PÉ DA LETRA, O SIGNIFICADO É "COLOCAR NO LUGAR". PRONUNCIA-SE "MISANPLÁS".

1. *SOUSPLAT*.
2. PRATO RASO.
3. PRATO FUNDO.
4. GUARDANAPO.
5. PRATO DE PÃO.
6. FACA PARA PÃO.
7. COLHER DE SOPA.
8. FACA DE PEIXE.
9. FACA DE MESA (PARA CARNE, POR EXEMPLO).
10. GARFO DE PEIXE.
11. GARFO DE MESA (MASSA, CARNE, POR EXEMPLO).
12. COLHER DE SOBREMESA.
13. GARFO DE SOBREMESA.
14. FACA DE SOBREMESA.
15. TAÇA PARA ÁGUA.
16. TAÇA PARA VINHO BRANCO.
17. TAÇA PARA VINHO TINTO.
18. TAÇA PARA *CHAMPAGNE*.
19. MARCADOR DE LUGAR.

O *sousplat* é uma palavra francesa que quer dizer "embaixo do prato", e é isso que acontece. O *sousplat* é uma espécie de prato maior, uma base para o prato raso e o prato fundo. Ele nunca é retirado da mesa. Os garçons retiram os pratos conforme os alimentos são servidos (por exemplo: sopa, peixe, carne), mas o *sousplat* continua na mesa.

PRONUNCIA-SE "SUPLÁ".

Os talheres são usados de fora para dentro, por isso são colocados nessa ordem. Por exemplo, a colher de sopa é a primeira, e assim por diante.

Em alguns casos, também é colocado um pequeno cardápio à frente de cada convidado. Esse cuidado é importante para orientar quem possa ter restrições alimentares. Mas se um evento tiver sido bem planejado ninguém deixará de sair satisfeito, porque os pratos terão sido escolhidos de modo a atender pessoas de gostos e necessidades diferentes.

Os garçons precisam ter muita prática para executar bem o serviço à francesa: nunca esbarrar nos convidados, servir sempre pela esquerda e retirar os pratos pela direita.

Geralmente, um garçom fica encarregado de servir cinco pessoas. Ele deve desempenhar essa tarefa de modo impecável: inclina-se elegantemente com a travessa, com os talheres voltados para o convidado. O convidado mesmo se serve. Entendeu agora por que o garçom entra pela esquerda? A maioria das pessoas é destra, ou seja, escreve e faz as coisas com a mão direita. Com o garçom estando à esquerda, fica mais fácil o convidado se servir.

A empresa de A&B contratada para o evento certamente possui garçons treinados nesse serviço mais sofisticado (se não tiver, não é um fornecedor que valha a pena manter na rede de contatos).

Mesmo assim, você, como produtor, ao trabalhar em um evento com jantar refinado, deve ficar atento:

* na qualidade de travessas, pratos, taças, talheres; tudo tem de ser de material nobre, como porcelana, cristal e prata;
* na aparência do *maître* e dos garçons. Eles devem estar bem vestidos, geralmente com *smoking*, e sempre de barba feita e cabelos arrumados.

SERVIÇO À INGLESA

Este tipo de serviço se subdivide em dois: direto e indireto.

No serviço à inglesa direto, o garçom apresenta a travessa ao cliente, informando qual é a iguaria, e o serve diretamente. Essa é a diferença principal em relação ao serviço à francesa, porque naquele a pessoa se serve.

No serviço à inglesa indireto, o garçom utiliza uma espécie de carrinho chamado de *guéridon*, onde estão os pratos. O profissional monta o prato do convidado e o serve.

> É UMA PALAVRA FRANCESA, PRONUNCIADA COMO "GUERRIDON".

No serviço à inglesa costuma-se calcular um garçom para cada duas mesas. É um serviço um pouco menos sofisticado do que o à francesa, mas ainda assim uma maneira muito chique de servir.

A arrumação da mesa é a mesma mostrada antes, quando tratamos do serviço à francesa.

SERVIÇO EMPRATADO

Como nome já diz, é aquele em que o prato já vem montado da cozinha. Antigamente não era considerado chique, mas hoje é muito usado em eventos de alto nível, afinal a sofisticação é garantida por outros fatores: a qualidade dos alimentos, o cardápio escolhido e a apresentação das mesas. A arrumação mostrada no trecho sobre serviço à francesa também pode ser utilizado aqui.

SERVIÇO À AMERICANA

Também é chamado serviço americano e quer dizer o famoso bufê. Existe uma estação com os alimentos e os convidados se servem. Pode acontecer de os pratos e talheres estarem dispostos nas mesas e nessa situação o convidado pega a comida, volta e se senta para comer. Mas pode acontecer também de haver mesas e apoios com os pratos e talheres, para o convidado pegá-los, ir até o bufê, servir-se e comer em pé ou sentado em sofás e cadeiras distribuídos pelo ambiente. As bebidas são servidas pelos garçons.

Este é um tipo de serviço para situações em que a praticidade é mais importante do que a sofisticação. Se você estiver encarregado pelo A&B em um evento com serviço à americana, fique atento:

* à reposição do bufê: ou seja, não deixe que falte comida e confirme sempre se ela está com boa aparência;
* à retira dos utensílios usados: os convidados podem deixar pratos e talheres espalhados após terem feito a refeição. Supervisione a brigada de A&B para que recolha os itens usados ou descartados (por exemplo, guardanapos pelo chão). Controle de qualidade total.

SERVIÇO VOLANTE

Como o próprio nome diz, é um serviço feito pelos garçons que circulam pelo espaço de eventos. Nas bandejas que eles carregam vão os pratos que são servidos aos convidados. O cardápio precisa ser pensado de acordo com essa situação, por isso se costumam evitar comidas que exijam garfo e faca, afinal na maioria das vezes o convidado faz a refeição em pé. O serviço volante é o da praticidade total, muito usado em eventos técnicos, como o seminário apresentado no capítulo 4. Para o produtor, os cuidados são os mesmos tomados no serviço à americana: prestar atenção à retirada de pratos, copos e talheres usados e controlar bem a limpeza do ambiente.

Tipos de cardápio

Os tipos de cardápio, de certa forma, definem o perfil do evento. Os realizados durante o dia costumam ser mais informais, por isso têm cardápios mais leves. Os noturnos podem ser mais formais, e nessas situações o cardápio também pode ser mais elaborado. Veja quais são os tipos de cardápio mais comuns em eventos.

BRUNCH

Esse nome é uma junção das palavras em inglês que significam café da manhã e almoço, porque o *brunch* fica no meio do caminho entre essas duas refeições: o cardápio traz itens como leite, café, chás, sucos, mas também há tortas, panquecas, suflês e até alguma bebida alcoólica, como *champagne*.

A PRONÚNCIA É "BRÂNTCH".

Nesse tipo de cardápio, o serviço mais indicado é o americano, no qual o próprio convidado se serve — menos o álcool, que é servido pelo garçom. Alguns exemplos de situações em que o *brunch* costuma ser adotado são as entrevistas coletivas e os lançamentos de produtos, por causa do horário: é muito comum eles acontecerem entre 10 horas e 11 horas.

ALMOÇO

É para um evento já com alguma formalidade, mas sem o mesmo *glamour* de um jantar.

Costumam ser utilizados o serviço empratado e o americano.

COQUETEL

É o curinga dos eventos: pode anteceder um almoço ou um jantar ou ser servido sozinho. Mesmo sendo mais informal do que um jantar, ele é capaz de conferir um toque de sofisticação ao evento — tudo depende dos itens servidos.

Retomando o capítulo 4, no lançamento do perfume Duos houve apenas coquetel, e mesmo assim foi um evento de alto nível. Na confraternização da PBW, o coquetel antecedeu o jantar.

JANTAR

É o grau mais alto em sofisticação em um evento. Mesmo que seja um jantar servido à americana ou empratado, o fato de ele existir em um evento demonstra que o anfitrião quis realmente prestigiar o convidado.

"BOLO E CHAMPAGNE"

É a dupla famosa dos casamentos que acontecem pela manhã ou à tarde. Quando o evento chega à noite, costumam ser servidos também alguns salgadinhos e bebidas.

Aqui, o serviço mais comum é o americano.

Organização do espaço

Os estilos de arrumação de uma sala estão diretamente ligados com o tipo de atividade que irá acontecer. Essa definição é feita na etapa do planejamento com o cliente, e você, como produtor, tem a missão de fazer com que ela aconteça da maneira correta durante a montagem do evento.

AUDITÓRIO

É aquele semelhante a uma sala de cinema ou de teatro. O auditório é utilizado em situações nas quais os participantes não precisam escrever, fazer anotações, mas, principalmente, ver e ouvir, como nas palestras, nas transmissões de cargo e nas colações de grau.

ESTILO ESCOLAR

Este modo de arrumação, que lembra o de uma sala de aula (com mesas e cadeiras), é indicado para ocasiões nas quais os participantes precisam fazer anotações, como seminários e cursos.

ESPINHA DE PEIXE

Também é usada em situações nas quais os participantes fazem anotações; a diferença é que, neste caso, as mesas e as cadeiras são dispostas de forma diagonal, para aumentar a visibilidade dos presentes.

Esse estilo reduz a capacidade do local em aproximadamente 40%, se comparado com o estilo auditório.

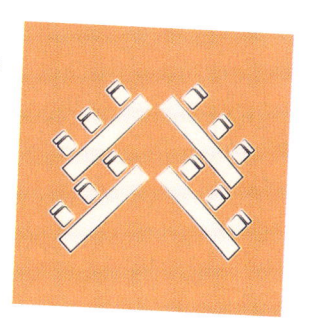

EM "U"

O modo de arrumar uma sala em "U" é indicado para situações nas quais é importante a interação dos presentes. Esse estilo costuma diminuir a capacidade do local em 60% na comparação com o estilo auditório, mas é muito usado em convenções, treinamentos e até mesmo em jantares e banquetes.

E cerimonial, o que é?

Como o próprio nome diz, ele aparece nos eventos de maior cerimônia, ou seja, aqueles em que há autoridades, como chefes de Estado.

Normalmente, o que vemos é uma expressão formada por duas palavras: cerimonial e protocolo. Elas costumam causar confusão porque cerimonial e protocolo são dois elementos diferentes, mas com um mesmo propósito: possibilitar que um evento seja realizado da maneira correta quando existem, nele, as chamadas precedências.

Faço uma pausa para tratar um pouco de precedências. Elas querem dizer que existem cargos que são considerados mais elevados do que outros; por isso, em um evento com autoridades existe todo um cuidado para que a pessoa que ocupa um cargo mais elevado receba o tratamento adequado à sua importância. Isso é precedência.

Explicada a precedência, fica mais fácil entender a diferença entre cerimonial e protocolo.

O protocolo é o conjunto de regras; é ele que diz quais são as precedências em uma situação. Um exemplo pode acontecer em um banquete. A autoridade fica no lugar nobre da mesa e os assentos próximos são ocupados também de acordo com a importância das pessoas envolvidas.

O cerimonial faz o protocolo acontecer; é a organização sequencial de um evento no qual é preciso seguir as precedências. Para isso existem os chamados cerimonialistas, que são profissionais da área de eventos que possuem esse conhecimento específico (como os lugares nobres em uma mesa, as regras para hasteamento de bandeira, os momentos para tocar o hino de um país, etc.).

Por exemplo, no estado de São Paulo há o cerimonial do Palácio dos Bandeirantes, sede do governo. O cerimonial é composto por uma equipe, capitaneada pelo chefe do cerimonial. Essa equipe cuida das solenidades no palácio, garantindo que tudo ocorra dentro das formalidades exigidas. Por isso, é preciso saber, por exemplo, a cultura do país de uma autoridade estrangeira presente. Isso tem impacto na decoração do evento, no cardápio a ser servido, no modo de cumprimentar, na arrumação das bandeiras.

Geralmente, nessas situações é comum haver a presença do mestre de cerimônias (MC). Esse profissional foi citado nos capítulos 2 e 4, lembra? Ele trabalha com um microfone, conduzindo uma sessão, interagindo com o público, auxiliando participantes em situações em que há debates. Por isso, não confunda mestre de cerimônias com cerimonialista. Agora, ficou clara a diferença entre as duas funções: o MC é uma figura que faz parte de um cerimonial organizado por um cerimonialista.

Como produtor de eventos, dependendo de sua área de atuação, você trabalhará com situações em que há protocolo e cerimonial. Sua missão é executar corretamente o *briefing*. Esses eventos têm um perfil bastante específico, justamente porque são guiados por regras. É uma área de atuação promissora, pois os eventos são constantes, não dependendo de um calendário.

A base de tudo, repito, está em executar corretamente e da forma mais eficiente possível o *briefing* do evento em que você está trabalhando. A partir daí, observe, aprenda com suas vivências e experiências, para construir e consolidar o seu perfil profissional, crescendo em sua atividade, tornando-se um profissional cada vez mais competente e seguro de suas qualidades.

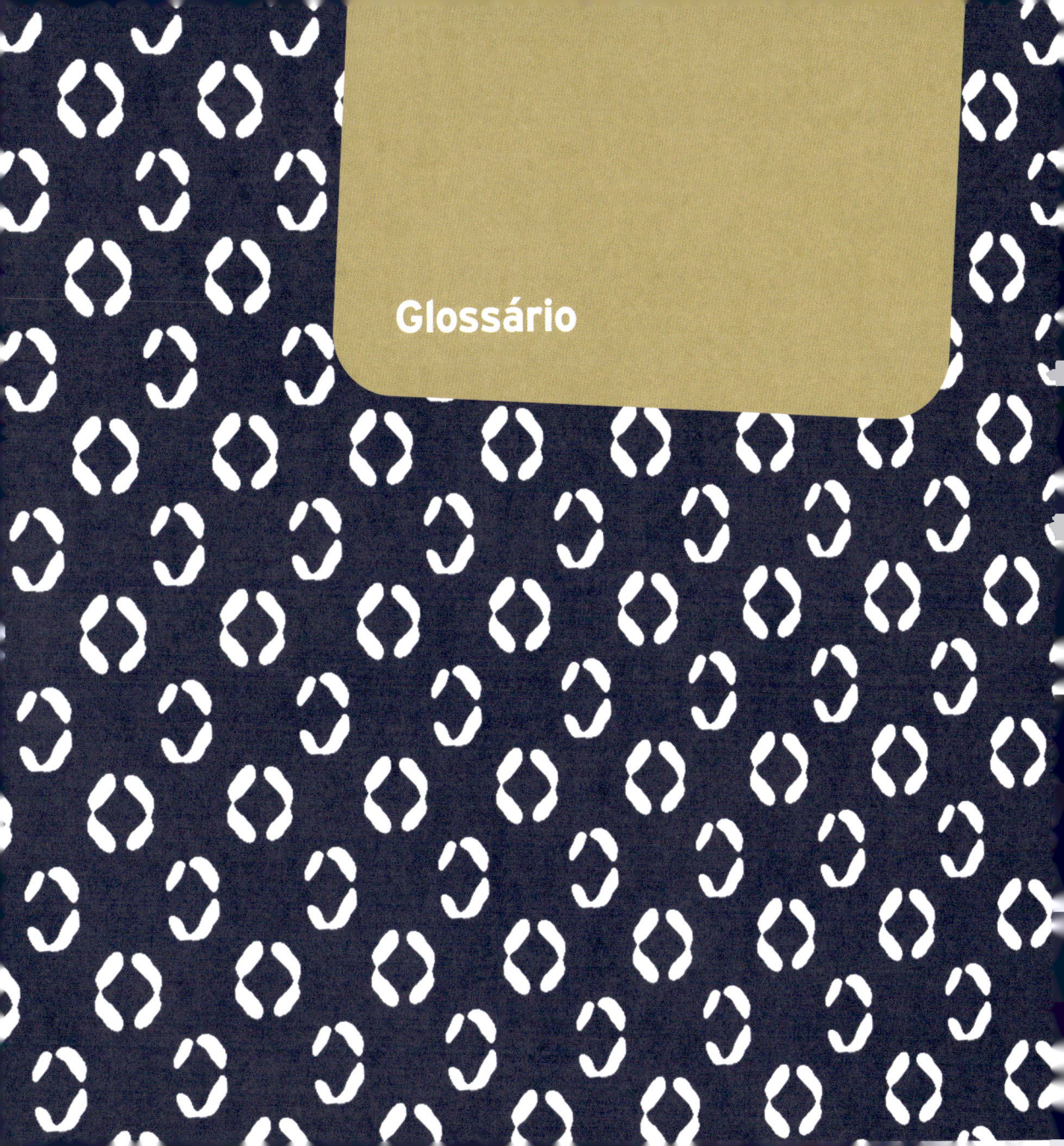

Glossário

Os termos a seguir apareceram ao longo do livro; você conheceu as suas pronúncias e as situações nas quais são usados. O objetivo de estarem aqui, reunidos neste glossário, é facilitar sua consulta — e, também, fazer com que você relembre de seus significados. São palavras e expressões corriqueiras na área.

Backdrop — Painel produzido para a comunicação visual do evento. Nele geralmente vai a logomarca do produto que está sendo divulgado ou da empresa patrocinadora da festa.

Backstage — Bastidores.

Banner — Peça parecida com uma bandeira, geralmente de plástico, que pode ser pendurada ou apoiada em um suporte.

Black-tie — Traje a rigor.

Briefing — Documento que reúne as informações essenciais de um evento.

Brunch — Tipo de cardápio e também um formato de evento realizado no final do período da manhã, no qual são servidos alimentos e bebidas tanto do café da manhã quanto do almoço.

Budget — Orçamento.

Check-in — Registro de entrada.

Check-list — Lista de checagem; o documento fundamental no trabalho do produtor de eventos.

Co-branding — Parceria de marcas.

Coffee break — Pausa para o café.

Corporate — Corporativo, ou seja, relativo a empresas.

Dress code — Código de vestimenta.

Feedback — Retorno, comunicação de volta.

Freelancer — Profissional autônomo.

Front — A parte da frente de um evento, a entrada, onde ficam as recepcionistas que controlam a chegada dos convidados e/ou dos participantes.

Gift — Presente, lembrancinha, brinde.

Guéridon	Carrinho utilizado no serviço à inglesa.
Hair	Cabelo, em inglês. Na área de eventos — e também na de moda — é a palavra usada para se referir ao serviço de cabeleireiro.
Job	Trabalho, tarefa, serviço.
Lounge	Espaço de descanso e, também, aquele estilo de som suave, apenas para manter um ambiente agradável.
Mailing	Lista de convidados de um evento.
Maître	Chefe dos garçons.
Make	Maquiagem.
Meeting	Encontro, sala de encontro.
Mise en place	Arrumação dos pratos, talheres, taças e demais utensílios em uma mesa.
Networking	Rede de contatos.
Placement	Plano de mesa; marcação dos lugares dos convidados em uma mesa.
Press release	Material informativo enviado a jornalistas, detalhando um evento.
Promoter	Profissional que tem a função de promover um evento.
Rider	Todo o aparato relativo ao som de um evento, incluindo o camarim do artista, caso vá haver *show*.
Roadshow	Apresentação itinerante, realizada sobre um ônibus ou uma carreta.
RSVP	Sigla da expressão em francês *répondez s'il vous plaît* (responda, por favor), usada em convites para pedir que o convidado confirme a presença com antecedência.

Save the date — Reserve a data; solicitação para o convidado deixar livre um determinado dia de sua agenda.

Sousplat — Prato de apoio, que fica embaixo do prato raso ou do prato fundo em uma arrumação de mesa.

Speech — Discurso.

Staff — Equipe.

Sunset — Formato de evento realizado à tarde, de perfil mais descontraído.

Tenue de ville — Nome em francês do traje passeio.

Vallet — Serviço de manobrista.

VIP — *Very important person*, ou pessoa muito importante.

Wi-fi — Conexão à internet sem fio.

Workshop — Formato de evento caracterizado por uma palestra seguida de parte prática.

© Midori De Lucca

Um pouco de minha trajetória... e de agradecimentos também

Meu primeiro trabalho foi aos 18 anos, como professor de informática em uma escola em Alpinópolis, cidade mineira de aproximadamente 20 mil habitantes onde nasci e cresci.

Mas não demorou para as aulas começarem a conviver com os eventos, e isso aconteceu em boa parte por conta da minha facilidade de comunicação e pela vontade de fazer a coisa acontecer — duas das principais características nossas, pessoas da área de eventos (já considero você, leitor, um colega de profissão).

Para aumentar o número de matrículas, a escola realizava visitas nas escolas da cidade para apresentarmos nossos cursos. No meio dessa dinâmica havia uma brincadeira com uma raspadinha para os alunos: quem pegasse a raspadinha premiada ganhava uma matrícula e, se pagasse todas as mensalidades em dia, recebia, no fim do curso, com o diploma, um presente: bicicleta, celular, etc. A promoção fez o número de matrículas subir 1.000% — isso mesmo — e obrigou a escola a alugar outro espaço para dar conta da procura. Tanto a apresentação da promoção quanto a entrega dos prêmios eram eventos que eu ajudava a produzir.

No ano seguinte, decidi ir para São Paulo, e aqui vai o meu primeiro agradecimento nesta história: sou grato a Liliane Lemos, fisioterapeuta que trabalhava em uma organização não governamental voltada para pessoas com deficiência. Ela me convidou para dar aulas de informática nessa ONG e me hospedou em sua casa.

Um mês depois, a ONG, passando por dificuldades financeiras, teve de dispensar seu departamento administrativo. O responsável pela entidade me chamou e disse: "Você vai ser meu braço direito, fazendo as tarefas administrativas e ajudando nos eventos beneficentes".

Assim, os dois anos seguintes foram repletos de eventos para arrecadação de fundos para a ONG: rifas, bingos, feijoadas. Eu criava os panfletos de comunicação, contratava e orientava as pessoas que os distribuíam, trabalhava para que as rádios ajudassem na divulgação.

Mais uma vez, Liliane fez a diferença nesta história, ao me colocar em contato com outra pessoa a quem sou grato — Denisia Lima que, por coincidência, era da mesma cidade que eu e também trabalhava com eventos.

Denisia me chamou para fazer um trabalho como freelancer para a agência de Regina Helou. O "frila" consistia em ficar numa praça de pedágio entregando panfletos de uma marca de carro. Ao ser apresentado para Regina, ela me deslocou da função de promotor para a de supervisor da ação nos pedágios. Essa ação era, de certa forma, um trabalho de produtor como o que você viu neste livro: controlar o trabalho dos promotores, organizar a alimentação, coordenar a troca de turnos.

Passei a participar de mais eventos da agência. Eu não fazia parte do quadro fixo, mas perguntei se seria possível ocupar uma mesa e um telefone na empresa, para poder desenvolver melhor meu trabalho.

Eu não sabia ao certo de que forma poderia ajudar, mas tive a ideia de pegar o guia de feiras da cidade para verificar qual era o calendário desses eventos, mês a mês: quais eram os eventos, em quais dias, quais empresas participavam de cada um deles.

Com base nessa lista, desenvolvi um e-mail marketing: ou seja, uma mensagem de e-mail para as empresas participantes, divulgando os serviços que poderiam ser prestados pela agência onde eu trabalhava — por exemplo: promotores, buffet, montagem de estandes...

Nesse mesmo período, a rede de contatos mais uma vez funcionou. Paulo Ziliotto, estagiário da agência, tinha uma colega de faculdade que trabalhava no marketing de uma empresa. Essa colega, Camila Bonetti, estava buscando um produtor que ajudasse no meio de campo de um serviço para um evento da empresa.

O contato com Camila foi feito, mas o orçamento não era suficiente para o trabalho. Mesmo assim, passei para ela as informações sobre fornecedores que poderiam prestar o serviço — e ela conseguiu acertar com o fornecedor diretamente.

Pouco tempo depois, Camila passou a trabalhar numa grande cervejaria. Essa nova empresa tinha uma demanda maior por eventos e mais verba para realizá-los. No primeiro *job* que ela teve de fazer, adivinhe quem ela procurou?

Graças a esse contato, acabei me tornando profissional de atendimento na agência, tendo a cervejaria como cliente. O dia a dia na nova função me aproximou de Tays Mazepa, gerente de eventos da empresa cervejeira. Tays me apresentou a Ana Lúcia Zambon, consultora de imagem, que desenvolvia projetos para a empresa de Tays.

Passei a fazer trabalhos como autônomo em parceria com Ana Lúcia. Um ano e meio depois, ela me convidou para ser seu sócio. Nessa nova atividade, Kelly Lobos, relações-públicas, nos aproximou do Senac, cliente para o qual realizamos diversos eventos.

Entre a parceria informal e a sociedade, foram quase oito anos de trabalho conjunto.

Em 2013, durante o São Paulo Fashion Week, encontrei Thaís Lisboa, que eu já conhecia por conta dos eventos anteriores para o Senac. Desse contato surgiu o convite para escrever este livro.

Todas essas pessoas estiveram presentes em momentos-chave de minha trajetória. Momentos de mudança, de abertura de caminhos, de novos desafios; por isso faço questão de citá-las aqui, como forma de reconhecimento.

E não me esqueço de agradecer, também, a todos os familiares, amigos e profissionais que estiveram ao meu lado em todos os momentos; e um agradecimento especial a Vanessa Rodrigues, minha parceira na edição deste livro.

Ainda que hoje minha atuação tenha se ampliado — além dos eventos, há a atividade de licenciamento de marcas —, busquei preservar o olhar de produtor. Embora hoje eu trabalhe naquela primeira etapa, a do planejamento (lembra-se do capítulo 2?), participo dos eventos com a atenção de um produtor, ajudando o meio de campo. É uma maneira não só de garantir a qualidade do trabalho como, também, de nunca perder a imensa alegria que é ver um evento que você "colocou em pé" encantar o público.

Sem o trabalho dedicado do produtor, o encantamento não existe. Não perca isso de vista — e sucesso em sua carreira!